2013, O ANO QUE NÃO TEVE FIM
HISTÓRIAS DE VIDA, SUPERAÇÃO, VITÓRIAS E RENASCIMENTO

Editora Appris Ltda.
1.ª Edição - Copyright© 2025 do autor
Direitos de Edição Reservados à Editora Appris Ltda.

Nenhuma parte desta obra poderá ser utilizada indevidamente, sem estar de acordo com a Lei n° 9.610/98. Se incorreções forem encontradas, serão de exclusiva responsabilidade de seus organizadores. Foi realizado o Depósito Legal na Fundação Biblioteca Nacional, de acordo com as Leis n°s 10.994, de 14/12/2004, e 12.192, de 14/01/2010.

Catalogação na Fonte
Elaborado por: Josefina A. S. Guedes
Bibliotecária CRB 9/870

M152d
2025
	Maciel Filho, Aldemir
	   2013, o ano que não teve fim: histórias de vida, superação, vitórias e renascimento / Aldemir Maciel Filho. – 1. ed. – Curitiba: Appris: Artêra, 2025.
	   96 p. ; 21 cm.
	
	   ISBN 978-65-250-7489-4
	
	   1. Memória autobiográfica. 2. Fé. 3. Resiliência. 4. Esperança.
	I. Título.
	
	                                                                                CDD – B869.3

Editora e Livraria Appris Ltda.
Av. Manoel Ribas, 2265 – Mercês
Curitiba/PR – CEP: 80810-002
Tel. (41) 3156 - 4731
www.editoraappris.com.br

Printed in Brazil
Impresso no Brasil

ALDEMIR MACIEL FILHO

2013, O ANO QUE NÃO TEVE FIM
HISTÓRIAS DE VIDA, SUPERAÇÃO, VITÓRIAS E RENASCIMENTO

CURITIBA, PR
2025

FICHA TÉCNICA

EDITORIAL	Augusto V. de A. Coelho
	Sara C. de Andrade Coelho
COMITÊ EDITORIAL	Ana El Achkar (Universo/RJ)
	Andréa Barbosa Gouveia (UFPR)
	Jacques de Lima Ferreira (UNOESC)
	Marília Andrade Torales Campos (UFPR)
	Patrícia L. Torres (PUCPR)
	Roberta Ecleide Kelly (NEPE)
	Toni Reis (UP)
CONSULTORES	Luiz Carlos Oliveira
	Maria Tereza R. Pahl
	Marli C. de Andrade
SUPERVISORA EDITORIAL	Renata C. Lopes
PRODUÇÃO EDITORIAL	Sabrina Costa da Silva
REVISÃO	José Bernardo
DIAGRAMAÇÃO	Amélia Lopes
CAPA	Mateus Porfírio
REVISÃO DE PROVA	William Rodrigues

Seja você quem for, seja qual for a posição social que você tenha na vida, a mais alta ou a mais baixa, tenha sempre como meta muita força, muita determinação e sempre faça tudo com muito amor e com muita fé em Deus, que um dia você chega lá. De alguma maneira você chega lá.

(Ayrton Senna)

AGRADECIMENTOS

Agradecer e agradecer. Gratidão é a palavra neste momento. Por mais que neste relato eu possa encontrar as mais belas palavras e expressões, nada poderá de fato expressar a minha total gratidão a tantas pessoas que ao longo dos anos nunca soltaram a minha mão. Em especial, minha gratidão a Deus pelo dom da vida e por estar sempre ao meu lado. Um agradecimento mais do que especial à minha família, que torna meus dias mais alegres e mais felizes. Viver em família é ter a certeza de que você nunca estará sozinho. Nesse sentido, um agradecimento *in memoriam* muito especial ao meu pai, Aldemir de Castro Maciel. Sem dúvida nenhuma, meu grande exemplo de vida, de honestidade, de trabalho e de dedicação. Em seu livro *O encontro do Passado com o Presente*, meu pai narra acontecimentos e lembranças de sua vida. Tive o privilégio de fazer o prefácio do livro e nele escrevo sobre esse exemplo de homem e de pai que usou a escrita e a literatura para ajudar a vencer e a ultrapassar momentos de tantas dificuldades e lutas diárias contra um câncer. Como não fazer um agradecimento especial a esse homem que nunca desistiu de lutar e que sempre foi um exemplo de superação e de honestidade? Obrigado, meu pai.

Obrigado à minha família, nas pessoas da minha mãe, Branca Rosa, e meus irmãos Aldemisia, Aldemisio e Adenilson. Essa é a minha base. Esse é o meu sustento diário. Gratidão, sempre, por tornarem o meu dia e minha vida mais vivos, mais cheios de esperança e de amor. Aprendemos desde cedo que todos podem até se afastar, mas a família deve permanecer sempre unida. Vocês me dão a certeza de que nunca me sentirei sozinho e de que estarão sempre ao meu lado.

Filhos são nossas grandes bençãos. São presentes de Deus em nossas vidas. Nadime e Victor, meus filhos, gratidão por vocês existirem em minha vida. Em tudo que faço e que me proponho a fazer, tenho em vocês minhas grandes motivações. Neste livro trato de um momento muito sublime, quando ouço e vejo vocês me chamando para voltar. As lágrimas que caem neste momento, ao escrever estas frases, refletem o amor infinito que tenho por vocês. Nosso amor, nossa relação e nosso afeto vão além do físico. Nosso amor é sublime, verdadeiro e abençoado por Deus. Meu agradecimento especial. Vocês são parte também desta história a ser contada agora. Aurora, minha nova estrela nessa constelação. Você chega para dar luz, brilho e esperança para toda nossa família.

Talita Maciel, minha "vidinha". A mulher especial que se superou e que tem dedicado sua vida para estar lado a lado comigo em todos os momentos. Seu amor tornou possível eu me reencontrar novamente com a alegria de vida, com a esperança de um amanhã sempre e cada vez melhor. Minha gratidão mais do que especial a você, que cresce junto comigo e que hoje faz parte integralmente da minha vida. Uma mulher forte, determinada, amável e carinhosa. Que esteve e que está comigo me ajudando a superar medos e traumas, que soma e que se fortalece junto comigo. Meu amor e meu carinho para você.

Aos meus amigos e ao povo de Cruzeiro do Sul, minha cidade natal, o meu muito obrigado. Minha maior felicidade é poder ter a oportunidade de ver e de poder proporcionar alegria, esperança e felicidade para outras pessoas. O grande segredo da vida é saber o quanto você pode fazer a diferença na vida das pessoas. Essa é a razão da minha verdadeira felicidade. Gratidão a todos pelo apoio e pela parceria de sempre. Muito obrigado a você que, direta ou indiretamente, faz parte dessa minha trajetória de vida.

Por fim, meu agradecimento a você que chegou até aqui na leitura deste livro. Que essas simples palavras que narram acontecimentos significativos em minha vida possam servir para algo de bom em sua vida. E lembre-se que com fé, força e foco você pode conseguir realizar tudo em sua vida. No tempo de Deus, tudo se realizará.

Dedico este meu primeiro livro a minha família e meus amigos, em especial aos meus pais, Aldemir de Castro Maciel (in memoriam) e Branca Rosa, aos meus irmãos Aldemisia Maciel, Aldemisio Maciel e Adenilson Maciel, aos meus filhos amados Victor Henrique, Nadime Melissa e Aurora Maciel e à minha querida e amada esposa, Talita de Araújo Maciel. Foram eles que estiveram comigo nos grandes momentos vividos em 2013. Foram eles que choraram com as tristezas, mas que também sorriram com as alegrias. A vocês, minha eterna gratidão. A vocês, meu respeito e minha admiração.
Com Amor!

Aldemir Maciel

APRESENTAÇÃO

Para falar a verdade, não foi fácil iniciar a escrita deste livro. Doze anos se passaram depois daquele ano que definitivamente marcou a minha vida. Você já teve ou tem aquele ano que, se pudesse, esqueceria, literalmente apagaria da sua memória? Ou já teve ou tem aquele ano que, se pudesse, lembraria eternamente, sempre o traria em suas lembranças por toda a vida? Eu tenho esse ano: 2013.

2013, o ano que não teve fim: histórias de vida, de superação, de vitórias e de renascimento é um livro baseado em fatos que levará até você acontecimentos que marcaram minha vida para sempre. Levará até você medos e verdades que durante anos da minha vida aprendi a usar para ajudar em um processo de superação pessoal e de fortalecimento de uma vida dedicada à educação, à arte e a cultura.

Em um ano de acontecimentos mundiais impactantes para a história mundial, como a escolha, no mês de março, do cardeal argentino Jorge Mario Bergoglio, que se tornou o Papa Francisco; o julgamento, no Brasil, do caso que ficou conhecido como Mensalão; ou, ainda, a morte do líder da luta contra o Apartheid, Nelson Mandela. Nesse sentido, cada um de nós constrói a sua história e, independentemente de onde você esteja, você é e deve ser o principal protagonista da sua história.

Este livro conta três casos que aconteceram em 2013 e que marcaram profundamente minha vida e, 12 anos depois, tenho a sensação de que, ao mesmo tempo, quero esquecer esse ano e me lembrar dele eternamente.

Dividido em seis capítulos, o primeiro contará minha experiência como o "anjo" no quadro Dança da Galera, do Domingão do Faustão, que deu o título à cidade de Cruzeiro do Sul naquele abril de 2013. O segundo capítulo trata de uma agressão física sofrida por mim em novembro de 2013. Sim, ainda sinto dificuldade em escrever ou falar a respeito 12 anos depois. Mas sinto que preciso falar. Contar não o fato em si, mas como aprendi a superar o medo e o pânico, como consegui voltar à vida e principalmente contar como foi fazer aquela viagem. Ficou curioso? Contarei o que vi e o que senti ao chegar ao hospital. O terceiro capítulo narra o que aconteceu em 5 de dezembro de 2013, em Brasília, Distrito Federal, o dia em que ganhei o Prêmio Professores do Brasil, em sua sétima edição.

No quarto capítulo, explico por que 2013 não chegou ao fim. Um relato pessoal das mudanças que os fatos relatados fizeram em minha vida. Decidi que cada sonho, que cada meta na minha vida seria uma ação a ser realizada a cada dia com mais dedicação, com mais responsabilidade e com muita paixão. Minha motivação principal foi compreender que o meu futuro e o futuro das pessoas ao meu redor seria o resultado das minhas experiências vividas no passado e em 2013 e as realizações concretizadas no meu presente, todos os dias da minha vida, pois o meu futuro é um presente sonhado e planejado e um passado realizado.

A partir do quinto capítulo, palavras, frases e reflexões que fazem parte do meu cotidiano. Pensamentos que uso no meu dia a dia, seja em casa ou no trabalho. Fé, força e foco, sempre. Sim. É preciso acreditarmos em nossos sonhos e que com fé em Deus e com muito trabalho e dedicação podemos alcançar e realizar todos os nossos sonhos e desejos.

No sexto capítulo deixo uma frase e espero sinceramente que você, que neste momento inicia a leitura deste livro, possa refletir sobre ela. "É preciso pelo menos riscar o chão". E aí? Está disposto a riscar o chão?

Tudo começa assim.

PREFÁCIO

À frente dos seus olhos e preenchendo as suas mãos está uma rica trajetória de fatos que elevam o ápice de fé, força e foco. O autor, imerso em três períodos que determinaram a sua vida para sempre, transforma, com grandeza, o ano de 2013 em uma coletiva abertura de portas infinitas e constantes para o caminho do êxito diário.

Assim, ao longo das próximas páginas, você saberá por que o ano de 2013 foi tão impactante ao ponto de não acabar para o autor. A propósito, a verdade é que esse bendito foi a essência da largada de uma nova graça de poder recomeçar. Esse recomeço, no entanto, foi marcado principalmente pelo ganho de uma segunda chance de vida, em que o escritor se reiniciou para desempenhar cada um de seus desígnios pessoais e profissionais com determinação, dedicação e amor mais veementes.

No mais, a fixa sensibilidade na contação dos fatos vividos e das lições extraídas pelo protagonista, de alguma maneira, reverbera algo inexplicável e motivador dentro de ti. Além disso, a narrativa, que também é construída a partir de frases de pessoas célebres, como o implacável Ayrton Senna, te lembrará o quanto os desafios de cada momento da sua existência são claramente superáveis.

Ritinha Andrade
Atleta de Bocha e Ativista PCD

SUMÁRIO

CAPÍTULO 1
CRUZEIRO DO SUL NA DANÇA DA GALERA DO DOMINGÃO DO FAUSTÃO: DO SONHO À REALIDADE 21

CAPÍTULO 2
NOVEMBRO DE 2013. AQUI SE INICIA UMA NOVA HISTÓRIA DE VIDA 36

CAPÍTULO 3
18 DE NOVEMBRO DE 2013. A MELHOR NOTÍCIA, O MELHOR PRESENTE: PRÊMIO PROFESSORES DO BRASIL 48

CAPÍTULO 4
SEJA A SUA PRINCIPAL MOTIVAÇÃO 64

CAPÍTULO 5
FÉ, FORÇA E FOCO, SEMPRE 77

CAPÍTULO 6
É PRECISO PELO MENOS RISCAR O CHÃO. RISQUE O CHÃO 87

CAPÍTULO 1

CRUZEIRO DO SUL NA DANÇA DA GALERA DO DOMINGÃO DO FAUSTÃO: DO SONHO À REALIDADE

> *Você tem que assumir o compromisso de vencer, ou então nada.*
>
> (Ayrton Senna)

Março de 2013. Lembro que era um domingo à noite quando recebi uma ligação. Missão: reunir o máximo de artistas ligados à dança de Cruzeiro do Sul, pois na terça-feira chegaria à cidade uma equipe da Rede Globo de Televisão para realizar um estudo e avaliar sobre a possibilidade de nosso município participar do quadro "Dança da Galera do Domingão do Faustão". Admito que na época fiquei sem muita reação. Mas seria verdade mesmo? Enfim, missão dada é missão cumprida.

Na época, eu era conselheiro municipal de cultura e presidente do Conselho Municipal de Políticas Culturais de Cruzeiro do Sul. Desde 2008 estávamos à frente do movimento de organização do Sistema Municipal de Cultura de

Cruzeiro do Sul. Tínhamos, portanto, uma forte relação com os segmentos culturais. Dessa forma, isso me credenciou para a missão de poder reunir o máximo de artistas do segmento de dança. Além disso, já tínhamos uma ação efetiva em vários projetos de sucesso na cidade como a Banda Swing da Mata e o Projeto Ritmos da Amazônia, ambos iniciados na Escola de Ensino Médio Professor Flodoardo Cabral.

Acredito que nada acontece por acaso. Tínhamos a oportunidade de mostramos nossa cidade para todo o Brasil. Enfim, contatos e conversas realizadas. Local da reunião confirmado: Cedup. Alegria e muita ansiedade pairavam sobre todos. A princípio não foi realizada uma divulgação tão intensa, tendo em vista que essa primeira visita da equipe global seria para uma conversa com artistas locais e para avaliar possíveis locais de ensaios, de locação e de gravação. Uma visita para avaliar o potencial da cidade e para averiguar se o município tinha as condições necessárias para ser uma das cidades escolhidas para o quadro.

Terça-feira. A equipe chega a Cruzeiro do Sul. Sim, era verdade. Tínhamos sido, digamos, pré-selecionados. Precisaríamos fazer bonito e mostrar para a equipe da Rede Globo que Cruzeiro do Sul era uma cidade vencedora. Era um misto de alegria, entusiasmo e nervosismo. Estávamos assumindo a organização de um quadro para uma das maiores emissoras do Brasil e do mundo. A reunião foi realizada em um clima de muita alegria, ansiedade e vontade. Vontade de vencer e de realizar um trabalho de excelência. Lembro que o auditório do Cedup ficou lotado. O primeiro encontro tinha sido superado e deixado excelentes impressões para a equipe do Domingão do Faustão. Os dias seguintes foram dedicados a reuniões e visitas guiadas por pontos turísticos, locais de possíveis ensaios, locações e gravações para o quadro. Um momento importante em que a prefeitura municipal de Cruzeiro do Sul coordenou e abraçou o projeto e conseguiu unir muitos parceiros que foram essenciais para o sucesso daquela missão. Foi nesse momento, em uma das reuniões, que a figura do "anjo" da cidade apareceu.

Basicamente, a função do "anjo" era apresentar um roteiro para as gravações, composto de pontos turísticos, histórias de vidas de personagens da cidade, ou seja, ficar praticamente 24 horas à disposição da equipe. Posso afirmar que, pela primeira vez, consegui ver em Cruzeiro do Sul uma união nunca vista. Tínhamos o poder público municipal como coordenador das ações e tivemos o apoio incondicional do poder público estadual e da sociedade em geral. Todos unidos em prol de Cruzeiro do Sul.

Enfim, a equipe da Rede Globo se despediu e, acredite, tinha a certeza de que Cruzeiro do Sul seria a escolhida para participar do quadro Dança da Galera do Domingão do Faustão. Conseguimos passar para a equipe além das condições físicas, estruturais e de organização, passar emoção, paixão, amor por nossa cidade. Algumas semanas depois a tão esperada notícia. Cruzeiro do Sul foi uma das cidades escolhidas para participar do quadro.

Falar de cada detalhe, de cada ação, de cada gravação, da mobilização em torno daquela ação é literalmente voltar no tempo. É claro que Cruzeiro do Sul deu um show de organização e de mobilização. Durante praticamente três semanas nos dedicamos integralmente àquela ação. Cruzeiro do Sul foi a representante da Região Norte no quadro Dança da Galera do Domingão do Faustão. Cruzeiro do Sul venceu a disputa com Guarapari pelo placar de 3 x 1 com uma bela apresentação que encantou o Brasil e garantiu a vitória. Foram realizadas 1.740 inscrições para a apresentação da coreografia realizada com trilha sonora da música "Canta Brasil", composta por Alcyr Pires e David Nasser, interpretada pela cantora Gal Costa. Os atores Sérgio Marone e Monique Alfradique foram os embaixadores de Cruzeiro do Sul e puderam acompanhar de perto o dia a dia da cidade de Cruzeiro do Sul.

A coreografia mostrou de início a dança de indígenas da região, a seguir formou o mapa do Brasil destacando o Acre, em seguida o sapo Kambô e concluiu com uma flecha atirada por um índio para formar a constelação de Cruzeiro do Sul. O prêmio de R$100 mil foi direcionado para a Pastoral da Criança.

O ano de 2013 foi sem dúvidas incrível. Ter tido essa oportunidade de ajudar meu município, minha terra natal foi simplesmente mágica. Como disse Ayrton Senna, "no que diz respeito ao empenho, ao compromisso, ao esforço, à dedicação, não existe meio termo. Ou você faz uma coisa bem-feita ou não faz".

É preciso tirar lições e aprender com cada ação que realizamos. Ao aceitar a missão de encarar um grande desafio temos que juntar dentro de um propósito o compromisso total e a paixão pelo que se faz. Lembro que nas conversas com a produção do quadro era cobrada muita pontualidade e determinação na realização e no cumprimento das metas. Na maioria das vezes o dia começava às quatro da manhã e finalizava por volta de meia-noite.

É importante sempre acreditarmos em nosso potencial. O medo de não conseguir, de não poder realizar, de não poder dar conta de uma missão pode até existir, contudo esse medo de falhar não poder ser maior que nossa garra, nosso desejo, nossa vontade de conseguir realizar. Nossas ações e nossos pensamentos diários devem ser a mola propulsora do nosso desejo de realização e de vitória.

Por isso é preciso que durante toda nossa vida tenhamos sempre foco, metas a cumprir e determinação em tornar real nosso sonho. Contudo, é fundamental que possamos colocar nossa total imersão na concretização das ações diariamente. Isso se deve uma vez que, quando temos objetivo e metas bem definidas temos mais força de vontade e de reação. Lembre-se que o futuro é na verdade as ações realizadas dia após dia. Temos que focar no nosso presente, fazer uso de nossas experiências passadas com vistas a um futuro que será o resultado de nossas ações presentes.

Lembro que ao receber a notícia que Cruzeiro do Sul seria a representante da Região Norte senti um calafrio, pois sabia o tamanho daquele compromisso que tínhamos assumido. À noite, ao me deitar, enquanto aguardava aquele sono que não queria chegar, lembrei-me de uma frase dita por um dos meus grandes ídolos, Ayrton Senna: "quando penso que cheguei ao meu limite, descubro que tenho forças para ir além".

Na época minha vida estava a mil por hora. Dois turnos de trabalho na Escola de Ensino Médio Professor Flodoardo Cabral, dois projetos em plena execução, Banda Swing da Mata e Projeto Ritmos da Amazônia, presidente do Conselho Municipal de Políticas Culturais de Cruzeiro do Sul, fase de muito trabalho na organização e implantação de todas as ferramentas do Sistema Municipal de Cultura de Cruzeiro do Sul, além de constantes idas e vindas a Rio Branco, enfim, sem forças e sem tempo. Mas, ao me lembrar da frase, senti que tinha uma missão e que minha maior força era a minha vontade em querer vencer, em querer ajudar minha cidade a ser campeã. Era necessário superar o cansaço e fazer com que as 24 horas do meu dia pudessem ser bem aproveitadas. Em toda minha vida e em todas as ações sejam elas culturais ou não, minha determinação e garra foi a grande mola propulsora, foi a grande força que me fez sempre seguir, que me fez sempre se superar.

Ainda nos dias de hoje quando revejo o vídeo do dia da vitória de Cruzeiro do Sul na Dança da Galera do Domingão do Faustão me emociono. A vibração, o grito, o sorriso, a alegria e as lágrimas de centenas de pessoas que se aglomeravam na Praça do Centro Cultural me fez acreditar cada vez mais que os obstáculos podem até existir, mas quando se tem força de vontade, fé e determinação todos os nossos sonhos podem se tornar realidade. Fez-me acreditar cada vez mais também que, quando todos trabalham para o mesmo fim, independentemente de questões religiosas, políticas ou culturais, a probabilidade de dar certo é de quase cem por cento.

Sorte? Ouvi de algumas poucas pessoas essa palavra. Não acredito que tivemos sorte. Acredito que nosso foco, nossa fé, nossa determinação, nossa organização de excelência, a disciplina de todos os setores e principalmente o nosso trabalho foram fundamentais para que o município de Cruzeiro do Sul fosse a única cidade campeã no quadro Dança da Galera do Domingão do Faustão naquele ano de 2013, uma vez que em todas as outras disputas houve empate entre as cidades participantes.

Durante todo aquele período de organização e de ensaios exaustivos alguns momentos, particularmente, me marcaram muito. Procurava aprender a cada dia com as experiências e com o total profissionalismo de toda aquela equipe que se encontrava em nossa cidade. Pontualidade, organização e foco na realização de todas as ações direcionavam toda aquela equipe.

Uma primeira lembrança que me marcou muito foram alguns comentários que os produtores dirigiram a Banda Swing da Mata após uma apresentação no Coreto da Praça do Centro Cultural, hoje Praça Orleir Cameli. "Nossa, rapaz, sua banda está redondinha. Tudo muito bem ensaiado, super profissional. Parabéns!", disse um dos produtores. Aquelas palavras soaram como algo do tipo "você está no caminho certo". Como já dito aqui antes, acredito que tudo na vida acontece na hora e que nada acontece por acaso. Acredito que, na escada da vida, com humildade e determinação, poderemos avançar cada degrau e chegar até o topo.

Outro momento que me marcou muito também foi o dia em que fiquei sabendo qual música seria usada na coreografia de Cruzeiro do Sul, até então, guardada quase em segredo de estado. E o motivo para isso foi algo que novamente me colocou perante uma nova missão. Para quem já assistiu à coreografia irá recordar que no início a abertura é feita por uma música e dança do povo Puyanawa do município de Mâncio Lima. Entretanto, a ideia original não era usar os indígenas. Teríamos que buscar jovens e outras pessoas não indígenas que quisessem aprender a usar flechas e pudessem realizar uma coreografia. Perguntado se era possível disse que sim. Mas fui mais além. Perguntei se era possível que tivéssemos naquela abertura indígenas de nossa região. Mais uma pergunta: é possível conseguir? Sim. Resposta dada, mais uma missão a realizar. Resultado: deu tudo certo. Fomos até o Povo Puyanawa e estes tiveram uma linda participação na coreografia que foi gravada no Balneário Antártica.

Poderíamos ter falado que não era possível. Poderíamos ter falado que não dava para conseguir realizar aquela missão. Entretanto, veio à mente novamente uma frase de Ayrton Senna: "com o poder da sua mente, sua determinação, seu instinto e experiência, você pode voar alto". Novamente vem aqui a palavra determinação. Sim, é essa palavra que deve nos mover e nos guiar na realização de notas metas. É essa determinação que, aliada ao nosso instinto e experiência, nos encaminhará na resolução dos problemas e na concretização de nossos ideais. Cada passo que dermos, cada degrau que subirmos são pequenas vitórias a serem comemoradas. Não precisa correr ou querer subir dois degraus de uma única vez. As grandes obras começam com a colocação de um tijolo. Augusto Branco, escritor e poeta brasileiro nos diz que:

> *Bom mesmo é ir à luta com determinação,*
>
> *abraçar a vida com paixão,*
>
> *perder com classe*
>
> *e vencer com ousadia,*
>
> *porque o mundo pertence a quem se atreve*
>
> *e a vida é muito para ser insignificante.*

Uma frase que deveria mexer muito com cada um de nós. Nossas lutas diárias devem ser travadas com muita determinação e paixão. É preciso nos agarramos à nossa vida sempre com muita paixão. Ter amor por nossas ações e atitudes. Penso que se vamos passar algumas décadas por essa terra devemos deixar nossa marca. Uma marca feita com muito suor, determinação, ações, garra e dedicação. Temos que deixar por essa terra pelo menos uma marca no chão. Não consigo acreditar que alguém possa viver 70, 80 anos ou mais e não deixar nada para a própria sociedade em que viveu. Se não ações ou realizações, que seja o exemplo de vida de alguém que sempre acreditou e nunca desistiu de seus objetivos, que, com seu próprio exemplo, inspirou outras pessoas para o caminho do bem.

Durante toda nossa vida, travaremos lutas diárias. Será uma batalha todos os dias. Quantas vezes acordaremos pela manhã sem termos nenhuma vontade de nos levantarmos da cama? Quantas vezes nos perguntaremos se vale a pena mesmo está vivo? Quantas vezes teremos a única vontade de desistir? Entretanto a vitória para nossas batalhas diárias estará em nossa capacidade diária de ação e reação, de acreditarmos em nosso potencial, de termos foco, determinação e fé. Nossa principal arma será nossa total dedicação e entrega às batalhas que a vida nos proporcionará. Tenha certeza de que com a tríplice arma a vitória chegará: fé, foco e força.

É preciso seguir firmes no propósito da vitória e nunca desistir. Não desistir, primeiro por nós mesmos. Segundo, por muitas pessoas que, acredite, se inspiram em nós, se inspiram em nossas histórias de vidas, em nossas lutas e em nossas vitórias. Cada batalha diária poderá refletir muito da pessoa que somos e das coisas que acreditamos. O importante aqui não é ser exemplo ou modelo, é mostrar a todos que somos capazes de realizar, de vencer, de superar e de construir, e que se cada um fizer uma pequena parte, todos juntos poderemos realizar maravilhas.

As batalhas diárias durante toda nossa vida serão muitas. As dificuldades e as pedras serão muitas. Por muitas vezes durante as batalhas diárias você poderá ou se sentirá sozinho. Por muitas vezes você se perguntará se está sozinho nessa batalha. Por muitas vezes você se sentirá fraco, impotente aos problemas que surgirão. Contudo, lembre-se sempre: a força está dentro de você. A força para superar todos os obstáculos e todos os problemas não é uma força física. A força que irá fazer você superar todas as dificuldades e fraquezas da vida é uma força interior. Uma força que surge de uma capacidade que vai além de nossas forças. Uma força que muitas vezes não conseguimos entender de onde vem. Uma força que muitas não acreditamos que a possuímos. Uma força que nos faz acreditar que podemos vencer, que podemos superar, que podemos acreditar que há esperança, que há uma certeza de vitória.

Assim sendo, aos poucos iremos acreditando que somos capazes de vencer coisas que muitas vezes tínhamos a certeza da derrota. Acredite em sua força interior. Acredite que você é capaz de vencer. Acredite que você é capaz de superar. Acredite que você é capaz de transbordar uma força interior que será capaz de vencer todo e qualquer obstáculo ou dificuldade que a vida lhe trazer.

A força que buscamos, e que às vezes parece estar distante de nós, não depende de músculos, de exercícios físicos ou de determinadas habilidades. Nossa vontade de querer vencer deve ser nossa e grande motivação. É preciso ter a capacidade de acreditar. É preciso ter a capacidade de ir além. É preciso ter a capacidade de sonhar, de buscar, de realizar. É preciso ter a capacidade de sentir uma vontade inabalável dentro de cada um de nós.

Nossa vontade é nosso guia. Nossa vontade é a força que nos impulsionará cada vez mais à frente. Que nos levará cada vez mais próximo de nossos sonhos e mais longe de nossas fraquezas. Nossa vontade deve ser um guia que nos conduzirá por entre caminhos cheios de pedras, cheios de dificuldades, cheios de abismos, mas que sempre estará a nos fazer chegar ao outro lado, de forma segura, tranquila e equilibrada. A força de vontade deve estar sempre presente em nossos pensamentos, em nossas ações, em nossas atitudes, em nossas lutas. Uma luta que se torna diária a partir do momento que tentamos fazer de nossos sonhos, ações e conquistas permanentes e diárias.

O fato de haver uma luta diária e permanente nos dá a possibilidade de termos alegrias também diárias e permanentes. Até porque a alegria que nos chega poderá ser o resultado de nossas lutas diárias. A felicidade em ver nossas batalhas sendo vencidas nos traz a certeza de que a alegria é um estado de espírito que tem a ver não apenas com os resultados, mas também com o processo envolvido até a conquista do resultado. E aí, nem sempre o resultado é o que desejamos. Contudo, a luta travada por ser sim sinal de nossa alegria, de nossa vitória, de nossa dedicação, de nossa persistência. Esse processo pode ser mais prazeroso do que propriamente a vitória tão almejada.

É importante termos muito claro essa ideia em nossa mente. Na maioria das vezes não é fácil aceitar uma derrota. Na maioria das vezes não é fácil aceitar um fim diferente do que tínhamos sonhado e preparado. Mas aí é que temos que ter o pensamento de que a alegria que tanto procuramos pode estar presente em nossa luta, em nosso dia a dia, em nossas pequenas batalhas, no nosso sofrimento. Acredite: a felicidade não está lá no fim, lá onde, quando criança, dizia que meu sonho era ser feliz. A felicidade está aqui e agora. Hoje. Em cada ação, em cada emoção. Em cada sorriso, em cada lágrima. Em cada vitória, em cada derrota. Em cada batalha. A felicidade e a alegria estão ao nosso redor, estão presentes desde o nosso acordar até o nosso dormir. A felicidade está apenas esperando uma atitude nossa. Uma atitude de luta, de conquista, de dor e sofrimento, de esperança, de amor, de fé.

A fé o e o amor são princípios fortes da vitória. Ter amor e fé em todas as nossas ações nos faz acreditar que podemos conseguir e vencer todos os obstáculos que surgirem a nossa frente. É preciso depositar amor em qualquer ação que formos realizar. É preciso e necessário colocarmos amor à frente de todas nossas vontades, desejos e sonhos. Nossa vontade em quer realizar e em quer vencer se fortificará com a presença do amor em nossas atitudes.

Precisamos crer. Precisamos acreditar que o amor pode nos levar ao limite. Que pode ser aquela arma capaz de fazer com que nossa luta seja vitoriosa. Que pode ser aquela luz capaz de nos tirar da escuridão e aquele caminho que nos levará onde nossos sonhos desejam chegar. Acredite nisso. Faça com que o amor seja seu escudo diário nas batalhas. Faça tudo com amor e paixão. Acredite que você pode. Acredite que você vai conseguir. O amor, aliado à sua vontade de vencer, pode te levar ao ponto final desejado. Não deixe para amanhã. Tens um sonho? Tens algo que deseja conseguir? Tens algo que deseja alcançar? Comece agora. Faça esse sonho se concretizar. Faça esse desejo se tornar real. Não será fácil. Ah, não será de fato fácil. Mas quem disse que tudo seria fácil. Mas se eu quero chegar ao final de uma estrada, preciso começar com o primeiro passo.

Ao narrar esse primeiro grande acontecimento em minha vida no ano de 2013 posso afirmar que ao iniciar o respectivo ano nutria as expectativas normais frente aos nossos objetivos e planos de um ano para o outro. Contudo, desde minha infância sempre procurei fazer cada coisa com muita dedicação. Ao determinar como será o nosso caminhar a cada ano e qual a intensidade que depositaremos a fé, o amor e a força de vontade em nossas ações colheremos resultados que podem ir além de tudo aquilo que foi planejado ou pensado por cada um de nós. Nossas expectativas serão superadas ou não a depender da intensidade com que nos entregamos na resolução de cada problema, de cada ação, de cada sonho. Podemos superar e muito nossas expectativas. Contudo, a superação dessas expectativas está condicionada às nossas atitudes perante essas expectativas. A fé em acreditar que será possível vencer tornará esse caminho mais ameno e mais tranquilo. Por fim, é importante compreendermos que, independentemente dos nossos planos e expectativas, é fundamental termos sempre muita dedicação, muita perseverança e muita força de vontade. Esses três itens serão importantes em todas as etapas, em todos os momentos de nossas vidas. Serão eles que, aliados ao amor depositado, terão a força necessária para superar as dificuldades da cidade, terão a força necessária para nos levar rumo à realização de nossos sonhos.

A Dança da Galera do Domingão do Faustão veio num momento de decisões na minha vida. Chegou em um ano que me reservaria alegres e tristes lembranças. Importante relatar aqui que meu jeito de ver e de encarar as coisas, de ser sempre firme, decidido e determinado veio de muito longe. Sempre acreditei que precisamos viver intensamente cada dia de nossas vidas. Que devemos ser os principais protagonistas de nossa história. Sempre acreditei, assim como falava muito para meus alunos nas aulas de arte na Escola de Ensino Médio Professor Flodoardo Cabral, que nossa vida é como se fosse um grande palco onde shows e teatros acontecem diariamente. Que muitas ou na maioria das vezes estamos na plateia aplaudindo. Isso é certo? Sim, é certo. Mas se pergunte: Por que às vezes não saímos da plateia e vamos para o palco? Sempre pensei assim. Temos que subir ao palco, ser os protagonistas de cada dia da nossa vida, escrever o roteiro que queremos produzir e correr atrás, persistir, ser determinados, ir em busca da realização de todos os nossos sonhos.

É claro que não é um processo fácil. Mas, como diz a frase: "e quem disse que seria fácil?". A vida é uma história sendo contada de forma real, cheia de aventuras, de perigos, de derrotas e de vitórias. Atuar como protagonista é assumir riscos e estar pronto para tomar grandes decisões. Tais decisões podem afetar diretamente todo o contexto o qual nos colocamos como roteiro de nossas vidas. É importante mencionar que, durante todo esse percurso, seremos alvos de muitas investidas, boas ou ruins. Temos que ter a sensibilidade e a maturidade para tomadas de decisões de forma correta, uma vez que tais decisões podem afetar diretamente nossa própria vida.

Contudo, muitos de nós temos ao longo de nossas vidas momentos em que fomos surpreendidos por atores que chegam até nossa história ou para fazer o bem ou para fazer o mal. 2013 foi aquele ano que, como já falei anteriormente, gostaria de lembrar e de esquecer eternamente. Tenho certeza de que tudo que me aconteceu só me deixou mais confiante, mais determinado, mais dedicado e, acima de tudo, me deu mais e mais certeza de que fui agraciado por Deus pelo livramento que tive e que Ele me deu mais uma oportunidade para continuar firme e forte na minha missão. Mas essa é uma nova história. Não chegou ao fim? Não, não chegou. Chegue até o fim deste livro de memórias e saberá o porquê de 2013 não ter chegado ao fim.

CAPÍTULO 2

NOVEMBRO DE 2013. AQUI SE INICIA UMA NOVA HISTÓRIA DE VIDA

Deus nos concede, a cada dia, uma página de vida nova no livro do tempo. Aquilo que colocarmos nela corre por nossa conta.

(Chico Xavier)

Ano de 2013 quase finalizando. Muitos planos, metas e ações colocadas em execução. Outras metas já programadas para 2014. Enfim, o ano estava passando e, assim como os anteriores, estava sendo muito produtivo.

Dentro de minha rotina anual há pelo menos dez anos realizava praticamente todos os sábados na Escola de Ensino Médio Professor Flodoardo Cabral o ensaio do Projeto Ritmos da Amazônia. Sair aos sábados para a Escola Técnica ou PFC, como muitos conhecem a Flodoardo Cabral, já era parte da minha rotina e de dezenas de alunos que tinham naqueles ensaios uma forma de aprendizado, mas também de encontrar os amigos, de colocar o corpo em movimento, de construir uma história de amor à arte e à cultura popular.

Seria um sábado normal. Mochila nas costas, cheia de diários. Ah, que bons aqueles diários ali. Horário marcado, meninos da Banda Swing da Mata confirmados, enfim, tudo certo para mais uma tarde alegre, vibrante e de muito ensaio, tendo em vista que já nos preparávamos para mais uma apresentação anual.

Este capítulo não está sendo fácil escrever. Primeiro, porque é muito dolorido e triste contar os acontecimentos daquele dia. Segundo, porque não consigo me lembrar de muita coisa que aconteceu. Há uma espécie de bloqueio que me fez esquecer muitas coisas daqueles dias. Ao longo dos anos, aos poucos, esse bloqueio diminuiu e novos detalhes vieram à minha memória. Tive o apoio de amigos e familiares que me fizeram lembrar de muitos fatos, os quais não tinha conhecimento.

Dia 2 de novembro de 2013. Coincidência ou não, dia de Finados. Por volta das 13h me preparava como todos os sábados para ir ao ensaio do Projeto Ritmos da Amazônia. Naquele momento, estava morando com meus pais. Peguei minha mochila e desci a escada para pegar a moto e ir ao ensaio. Pedi a benção de meus pais e fui. Ao descer, percebi a chegada de duas pessoas que falam algo. Não sei muito bem o que aconteceu, mas lembro de um pedaço de tijolo sendo jogado em mim ao mesmo tempo que tento me defender com o braço, momento em que a moto estanca e sinto algo em minhas costas, como se algo tivesse batido com força. Eles correm e consigo estacionar a moto em frente à casa dos meus pais. Nesse momento, passo a mão sobre as costas e ela está toda molhada de sangue. Tinha sido furado por uma arma branca. Naquele momento, não sentia dor, no entanto, senti que algo sério tinha acontecido. Subi as escadas e fui em direção aos meus pais. Lembro que, naquele momento, meus pais perguntavam o que havia acontecido. O desespero e a aflição do meu pai eram a própria dor em si. Ao mesmo tempo que tentava explicar, ainda consciente, liguei para meu irmão e pedi que me esperasse no pronto socorro. Liguei para um amigo taxista e pedi que viesse rapidamente à casa dos meus pais. Após esses contatos, falei para meus pais: "mãe, pai! Me furaram!". Vizinhos que viram o que tinha acontecido chegavam em casa. Naquele momento alguém já tinha chamado a Samu. Na minha cabeça o transporte que chegasse primeiro eu iria. Meu pai entrou em desespero. É de cortar o coração quando recordo aquela cena. Minha mãe foi muito forte. Lembro que tirei a camisa que estava vestindo, a camisa do Projeto Ritmos da Amazônia, minha mãe segurava em cima da facada tentando estancar o sangue. O amigo taxista chegou. Desci com minha mãe. Sentei-me na frente enquanto ela, na parte de trás do carro, colocava minha camisa em cima da perfuração.

Lembro que pedi para meu amigo ir rapidamente. Lembro que durante o percurso fiz algumas ligações. Liguei para minha ex-esposa e pedi que ela não deixasse meus filhos ver naquele momento jornal local pela televisão ou rádios locais. Não queria que eles vissem aquilo ou soubessem de qualquer jeito o que tinha acontecido. Pedi que ela dissesse a eles que os amava muito. Liguei para minha namorada, atual esposa, e lhe expliquei o que tinha acontecido. Pedi que ela não se preocupasse que daria tudo certo. Lembro que ao passar pela frente de uma escola no caminho senti em meu corpo uma espécie de choque. Fiquei com medo. Achei, naquele momento, que não conseguiria chegar consciente ao hospital. Minha mãe e meu amigo taxista pediam para eu ter calma e que chegaríamos logo. Pensei: "devia ter esperado a Samu". Mas, não podia fazer mais nada. Enfim, chegamos ao PS. Meu irmão já estava aguardando. Lembro que ele ficou sem ação quando me viu ali ensanguentado. A partir daí não me recordo de muita coisa. Meu irmão me acompanhou até uma sala e me deitaram numa cama. Não sei o que aconteceu ali, mas lembro do desespero do meu irmão e de ele falar: "meu irmão tá morrendo". Naquele momento, senti um frio no corpo e fui apagando aos poucos.

Por que narrar essa história até aqui? Para chegar ao momento que acredito ter sido o mais importante na minha vida. Para contar e dar o depoimento de alguém que viveu algo que nem todos tiveram a oportunidade de viver. Não vou buscar aqui explicações físicas ou espirituais para o que aconteceu. Ao contar para muitas pessoas ao longo desses anos já ouvi muitas respostas. Entretanto, independentemente do que de fato aconteceu naqueles, talvez, segundos, acredito que o que vivi é uma mensagem que preciso passar para outras pessoas. Vivi algo extraordinário.

Foi muito rápido, mas muito intenso. Ouvi a voz do meu irmão bem longe. Senti um frio no corpo e fui apagando, como se estivesse dormindo. Por um momento, senti que meu corpo estava leve. Estava muito leve. Havia muita claridade ao meu redor. Não conseguia ver nada de tão intensa que era aquela luz. Um branco muito forte ao meu redor. Sentia uma paz profunda e uma vontade muito grande de querer ficar ali. Não sentia dor. Era uma sensação muito boa. Parece que tudo que tinha acontecido na minha vida não importava mais. Eu queria ficar ali. Sim, eu queria ficar naquele local tão grande, era aquela sensação de paz e felicidade. Num dado momento, senti meu corpo se dirigir para frente. Então, comecei a ouvir duas vozes. Ao mesmo tempo que ouvi aquelas vozes vi meus dois filhos, Victor Henrique e Nadime Melissa. Ouvia os dois falarem: "Papai?

Volta, papai! Papai? Volta! Volta! Volta! Volta, papai!". Nesse momento acordei e vi algumas pessoas ao meu redor. Enfim, tinha voltado. O que aconteceu? Não sei. Sinceramente não sei. O que sei é que aqueles poucos segundos foram os mais decisivos em minha vida. Agradeço todos os dias a dedicação e o cuidado que todas aquelas pessoas tiveram comigo no período que passei internado no Hospital Geral de Cruzeiro do Sul. Agradeço principalmente a Deus todos os dias de minha vida. Tenho certeza de que Ele me deu uma nova oportunidade de viver, de poder sentir o amor e de vivenciar com mais garra e doação todos os segundos da minha vida.

Por mais doloridas que sejam algumas lembranças, temos que tirar sempre lições. Nossa vida segue os princípios determinados por Deus. O nosso tempo não é o tempo de Deus. Por isso, nem sempre nossa vida segue de acordo com o nosso querer. Há situações que fogem completamente de nossos objetivos, de nossas metas. Os fatos acontecidos me mostraram um novo olhar sobre a vida e me deram uma oportunidade de refazer planos, de procurar viver mais e mais de forma intensa e apaixonante todos os dias de minha vida.

Meu passado não foi apagado nem todas as páginas já inscritas foram arrancadas ou rasgadas do livro da minha vida. Contudo, dei início a um novo capítulo, em que cada página escrita anteriormente teve papel fundamental. As experiências e os aprendizados vividos foram fundamentais para o desafio de encarar novas missões.

É preciso acreditar que as superações das grandes dificuldades da vida são vencidas com muita determinação e, acima de tudo, muita fé. Inconsciente ou não, a sensação de ida e de volta sentida por mim nos mostra que sempre haverá uma força superior que nunca nos abandonará. Que nos guiará sempre no caminho do bem. Mostrou-me nas figuras de meus filhos que o amor verdadeiro é capaz de vencer tudo, de superar, de curar. Que o amor verdadeiro é capaz de fazer ressurgir dentro de cada um de nós uma força que nos fará sempre nos mover pelo caminho do bem, pelo caminho da honestidade, do amor e da paz.

Entretanto, após esse período de turbulência e de dor foi preciso e necessário um período para acalmar e para recomeçar. Uma vitória e uma superação dia após dia. Cuidar de um pânico e de um medo constante de voltar à vida normal. Lembro que passei praticamente 30 dias sem colocar os pés na varanda da casa dos meus pais. Noites e noites de terríveis pesadelos que me tiravam o sono constantemente. Nesse momento, o apoio da família e de amigos e principalmente a fé em Deus foram decisivos na superação diária. Nesse sentido, lembro-me de vários fatos que me marcaram muito naqueles dias em que passei no hospital de Cruzeiro do Sul. Fatos que com certeza foram importantes e fundamentais na minha recuperação e, principalmente, naquele novo capítulo da minha vida.

Qual pai nunca falou que são filhos são suas vidas? Sou desses que fala desde o nascimento dos filhos que eles são a minha vida e que meu amor por eles é maior que o amor que sinto por minha própria vida. Eles são a minha própria vida. Após querer que meus filhos não escutassem ou ouvissem algo sobre o que tinha acontecido comigo, após vê-los presentes em meus sonhos ou "não sei o que foi aquele momento" me chamando para voltar, reencontro-os em uma tarde na Capela do Hospital Geral de Cruzeiro do Sul. Momento de emoção e de muita alegria. As lágrimas que caíam dos meus olhos eram de alegria, de felicidade e de amor verdadeiro. Deus tinha me dado uma oportunidade para viver aquele momento e poder sentir mais uma vez o calor do abraço dos meus filhos. Momentos como esse foram vários naquele período de recuperação e de renascimento. Amor e carinho são excelentes para curar enfermidades do corpo e da alma.

Amor. Sim, a palavra amor fez parte diária naqueles momentos e na lembrança de vários momentos vividos. Além de meus pais e minha família, outra pessoa foi uma das mais importantes para me manter vivo e para me dar a esperança em acreditar no poder do amor e do renascimento. Até aquele dia não tive a oportunidade de levar minha, na época, namorada à casa de meus pais, apesar de estarmos planejando. Não deu tempo. Aconteceu e teríamos que adiar. Contudo, tudo na vida acontece na hora certa. Deus prepara as coisas no seu tempo e assim aconteceu. Em um determinado dia, minha mãe veio ficar comigo e ao chegar minha namorada estava comigo, pois ela também se revezava naqueles dias. Até então as duas não tinham se encontrado. Uma cena que me recordo com muita alegria. Eu deitado na cama, minha mãe de um lado e minha namorada de outro. Aquela cena marcaria o sentido da palavra amor. O amor que eu sentia por aquelas duas mulheres e o amor que as duas mulheres sentiam por mim selou um laço de carinho, de afeto, de respeito e de amor.

Somos mais fortes do que pensamos. Às vezes é preciso algo muito forte, passarmos por situações extremas, para descobrirmos o poder da nossa força de superação. Aqueles momentos foram não apenas cruciais para mim, mas também para minha namorada. Minha "Vidinha" até aquele momento tinha pânico por hospital. A ideia de se dirigir até o hospital a deixava aterrorizada. Contudo, ao saber do que tinha acontecido comigo tomou a decisão de ficar comigo. Tomou a decisão que a poderia lhe fazer muito mal. Tomou a decisão de se superar, de passar por cima de conceitos e preconceitos e de estar presente naquele momento em minha vida. Tenho certeza de que ela acreditou na sua capacidade de se superar. De que o amor e o carinho foram as armas para vencer o medo e para enfrentar a dificuldade do momento. Talvez tenhamos nascido com propósitos e objetivos diferentes, mas tenho certeza de que nossos caminhos se cruzaram e se encontraram e que selaram ali o amor e a união.

A vida é constante. Está em movimento diário. Precisamos compreender que, mesmo após uma derrota, ela sempre recomeça. Assim sendo, temos que estar preparados para esta volta, para este recomeço. Em certos momentos podemos achar que terminamos. Mas acredite que todo esforço gasto irá contribuir definitivamente para seu crescimento interior, para o seu crescimento pessoal. Cada recomeço e cada ponto de partida deverá ser visto como uma mola propulsora que te levará a atingir picos antes nunca atingidos. Lembre-se: você deve estar determinado e ser o protagonista de sua vida.

Nossa vida é feita de vitórias, mas também de derrotas. Nossas quedas servem para entendermos que também temos nossos limites e para descobrir quem de fato anda conosco em todas as etapas da vida. Descobrirmos quem tira as pedras do caminho para passarmos ou quem, junto conosco, supera as pedras e caminha junto. Lembre-se que às vezes é preciso descer um ou dois degraus ou voltar um ou dois passos para lá na frente avançar um pouco mais. É necessário e fundamental acreditar que de pedra em pedra, de degrau a degrau a gente vai crescendo e subindo na realização de cada meta de vida.

Assim sendo, temos que acreditar que os desafios podem ser pequenos ou grandes. Que estes podem nos derrubar de vez em quando. Mas que a determinação para vencer pode superar qualquer desafio. Não importa o tempo que você levará para subir todos os degraus da escada. O que importa é a sua força de vontade, seu empenho e sua determinação que os levará a chegar ao seu objetivo final. Vença com coragem, fé e determinação cada etapa de suas metas.

Todo e qualquer obstáculo pode ser vencido, pode ser superado, pode ser ultrapassado. A superação está a sua espera. Há uma força dentro de cada um de nós que nos faz seguir sempre em frente, principalmente quando estamos frente a um desafio, seja ele novo ou não. A superação não depende de forças físicas. Ela é uma força interior que precisa ser acordada, que precisa ser acionada. Dessa forma, após ser acionada, ela estará pronta para nos ajudar a prosseguir. E não há maior ou menor problema que ela não possa superar.

Sabemos que, por muitas vezes, aparecerão pessoas em nossas vidas que nos ajudarão a crescer, como também haverá pessoas que nos colocarão para baixo. Faça com que sua mente trabalhe para você. Tenha foco e acredite sempre que você irá conseguir realizar todos os sonhos e todos os planos. Se aproxime de pessoas que lhe ajudarão a crescer. Haverá pessoas que tentarão te atrasar, que tentarão fechar o teu caminho. Lute sempre. Não pare a caminhada. Sua felicidade está em cada ação e em cada dia. Lembre-se: suas conquistas diárias, suas lutas e sofrimentos diários são parte de tua felicidade. Lembre-se que nem sempre a facilidade está no fim, mas no processo até se chegar a um fim.

Acredite em suas lutas. Elas não serão em vão. Sua passagem por esta terra tem um significado e uma importância fundamental. Encontre a felicidade em cada ato de amor, de bondade, de luta, de sacrifício. Penso que não estamos por aqui nesta vida por acaso. Nosso propósito de vida é dado por Deus. Ao lutarmos e buscarmos a realização de nossos sonhos estamos evoluindo e nos aproximando cada vez mais da essência real do viver.

Nossas lutas e superações podem nos levar à realização de vários planos. Contudo, procure ser sempre você, procure fazer com que sua essência seja sempre viva, correta, paciente, real, verdadeira. Na busca constante por realizações, podemos deixar nossa essência de lado e tentar viver uma vida da qual não pertencemos. É preciso lutar, cair, acreditar, superar, vencer. Mas é preciso ser sempre você. Sua essência é a pura certeza da criação divina.

Assim sendo e crentes dessa essência, devemos procurar durante todo o processo de lutas e de batalhas, o exercício da sabedoria, da paciência constante e da perseverança diária. Com a sabedoria sendo colocada à frente de nossas decisões poderemos evitar grandes erros no processo. A paciência será fundamental em toda a jornada. Não é fácil ter a paciência principalmente em momentos de turbulência. Contudo, ela será essencial para a resolução dos problemas. Você nunca estará sozinho. Sua força interior, sua dedicação e sua perseverança devem fazer parte do teu dia a dia. Nesse processo do caminhar em direção a realização das ações e a conquista dos sonhos Deus estará sempre contigo. Mesmo quando pensares que ele te abandou, acredite, Ele está sempre contigo. Lembre-se sempre que devemos ter foco, força e fé sempre. De alguma forma conseguiremos chegar ao final. Quando não houver a compreensão exata do que te fez seguir sempre, nunca desistir e chegar aonde sempre quis chegar, lembre-se que há um Deus, essa força que sempre estará contido.

Nossa caminhada é sempre surpreendente. Por vezes nos perguntamos: "por que eu? Por que comigo? Afinal, com bilhões de pessoas pelo mundo afora, por que logo eu?". A resposta é muito fácil. Porque cada um de nós não está nesse mundo por acaso. Temos uma missão. Temos nossas batalhas e nossas lutas. Temos sonhos e projetos. E a única pessoa capaz de fazer tudo é você mesmo. Não podemos viver a vida de ninguém nem fazer com que outras pessoas vivam nossa vida. Cada letra, cada sílaba, cada palavra, cada frase, cada livro, cada enciclopédia será você a escrever. Temos o livre arbítrio para escrevermos lindas histórias de conquistas, lindas histórias de superação. Temos a oportunidade de estarmos na plateia batendo palmas, mas também podemos ter a oportunidade de estar no palco também, sendo protagonista de nossa vida, tendo a oportunidade de pelo menos "riscar o chão". Inicialmente é preciso acreditar em você. Acreditar que você é capaz e de que você irá realizar sim todos os teus sonhos.

É preciso acreditar em nós e no nosso potencial. Dificuldades irão sempre existir, no entanto, serão essas dificuldades que nos tornarão mais fortes. Quanto mais dificuldade você tiver mais fortalecido você se tornará. Enfrente todas as situações que surgirem com fé, foco e determinação. Confie que você é capaz e que você pode ultrapassar barreiras e obstáculos sempre. Não será fácil e muitas vezes você poderá pensar que não será capaz. Mas tenha a capacidade de olhar ao seu redor e ver todo o poder superior que está ao seu redor e que lhe dará forças para vencer e superar cada obstáculo.

Quando imaginei que meu ano de 2013 estava caminhando para mais um final cheio de muitas realizações a vida dar uma volta de 360º. Compreendi mais e mais que durante toda nossa vida valemos aquilo que fizemos de bom para nós mesmos e para outras pessoas. Bens materiais não importam quando nos encontramos entre a vida e a morte. Hoje compreendo que todos os momentos vividos ali serviram para me fortalecer e para fazer mais humano, mais crente, mais generoso. Tudo aquilo vivido foram momentos de superação e de encontros. De chegadas e de partidas.

Por fim, como diz Chico Xavier, "embora ninguém possa voltar atrás e fazer um novo começo, qualquer um pode começar agora e fazer um novo fim". Resolvi, com aquele acontecimento, começar de novo, iniciar um novo ciclo em minha vida, iniciar a escrita de um novo capítulo e uma nova página da minha vida. Faltava agora muito pouco para o ano acabar e estar vivo para mim já era o meu grande presente. Contudo, 2013 ainda me reservava outro importante acontecimento na minha vida. Garanto que por esse acontecimento gostaria de lembrar eternamente desse ano. Mas aí já é outra história.

CAPÍTULO 3

18 DE NOVEMBRO DE 2013. A MELHOR NOTÍCIA, O MELHOR PRESENTE: PRÊMIO PROFESSORES DO BRASIL

Feliz aquele que transfere o que sabe e aprende o que ensina.

(Cora Coralina)

"Prezado Professor,

É com grande satisfação que o parabenizamos por seu brilhante trabalho e comunicamos que sua experiência educativa, inscrita no Prêmio Professores do Brasil - 7ª Edição foi selecionada pela Comissão Julgadora, para a premiação que acontecerá nos dias 12 e 13 de dezembro juntamente com a realização do 7º Seminário Prêmio Professores do Brasil.

Contamos com sua chegada a Brasília no dia 11 de dezembro (nesse dia não haverá nenhuma atividade – dia livre), tendo em vista que as atividades terão início no dia 12 de dezembro. Informamos ainda que seu retorno de Brasília ocorrerá no dia 15 de dezembro, conforme disponibilidade de voos" (trecho do e-mail encaminhado do pelo Ministério da Educação dia 18 de novembro de 2013).

Começo este capítulo transcrevendo um trecho do e-mail recebido pelo Ministério da Educação e que li logo no início da manhã. Após cinco dias tive alta médica e estava em fase de recuperação, diga-se física e emocional. Posso afirmar que li a primeira frase e parei. Pensei comigo mesmo: "Ah, estão parabenizando pelo projeto e agradecerão a participação no concurso!". Continuei a leitura e à medida que lia fui me dando conta da notícia. Parei por uns segundos. O coração batia forte. Tremia as mãos. Chamei meus pais e dei a notícia. Tinha sido selecionado como um dos melhores professores do Brasil na 7ª edição do Prêmio Professores do Brasil com o Projeto Ritmos da Amazônia.

O 7º Prêmio Professores do Brasil 2013 teve a realização do Ministério da Educação, tendo como parceiros a União dos Dirigentes Municipais de Educação (Undime), a Organização das Nações Unidas para a Educação, a Ciência e a Cultura (Unesco), entre outros, e premiou professores e práticas educativas inovadoras em quatro categorias, que contribuem efetivamente para a melhoria da qualidade da educação das crianças e jovens de nosso País, como também promovem maior possibilidade de equidade social.

As lágrimas que caiam eram um misto de surpresa, emoção, superação e felicidade. Para alguém que, há cerca de dez dias, estava entre a vida e a morte, receber a notícia de que era um dos vencedores do Prêmio Professores do Brasil era quase surreal. O que mais aquele ano de 2013 me reservaria? Como querer esquecer e lembrar um ano que ficaria eternamente gravado em minha memória? Aquela notícia soou como um exemplo para mim e para todas as pessoas que como disse Ayrton Sena: "Seja você quem for, seja qual for a posição social que você tenha na vida, a mais alta ou a mais baixa, tenha sempre como meta muita força, muita determinação e sempre faça tudo com muito amor e com muita fé em Deus, que um dia você chega lá. De alguma maneira você chega lá". Essas três palavras sempre foram minhas parceiras em todos os momentos da minha. Sempre foram guias em todas as ações que planejava e executava: fé, força e foco. Um projeto que surgiu dentro de uma sala de aula na Escola de Ensino Médio Professor Flodoardo Cabral acabara de se tornar um dos melhores projetos do Brasil. Mas, afinal, o que é o Projeto Ritmos da Amazônia?

O Projeto Ritmos da Amazônia tem o objetivo geral de reconhecer a importância histórica e cultural que as danças folclóricas e populares tiveram na formação da identidade sociocultural de nossa região, assim como dar oportunidade ao desenvolvimento e divulgação das potencialidades artísticas de nossos educandos, seja na dança ou na música, proporcionando, assim, um verdadeiro intercâmbio cultural entre a comunidade escolar e a sociedade.

O projeto foi instituído no ano de 2003, tendo em média, anualmente, a participação direta de 400 estudantes e aproximadamente 1.200 indiretamente, de 1º, 2º e 3º anos. No decorrer do ano letivo eram trabalhadas teorias que contemplavam os eixos da disciplina de Arte. A partir da realização de oficinas e atividades paralelas nas linguagens da dança e da música o projeto se solidifica, ganhando corpo e volume artístico cultural, sendo exposto para a comunidade por meio da sua culminância.

Assim sendo, em sala aconteciam as aulas de iniciação musical e, no contraturno, os ensaios propriamente ditos. Cada linguagem artística, música e dança, possuíam conteúdos específicos. As equipes de apoio cuidavam da confecção de material para o evento e da logística de divulgação do projeto. O projeto Ritmos da Amazônia proporcionou ao longo dos anos aos jovens de bairros carentes de nosso município várias ações culturais tanto no âmbito da linguagem da dança quanto na linguagem da música a partir da realização de várias atividades de dança e de música. No decorrer de todo o projeto, além dos estudos em sala de aula e dos ensaios no auditório da escola, eram convidados coreógrafos e músicos para aplicarem oficinas aos alunos participantes.

Nas aulas de Artes, enfatizava o processo de construção e reconstrução do saber e da aquisição de habilidades, passando de uma simples adaptação ou aquisição para uma construção constante. O Ritmos da Amazônia veio oferecer condições para proporcionar e assegurar os educandos meios para aquisição de conhecimentos musicais por meio de práticas musicais e de oficinas que são realizadas ao longo do ano. Como professor de Artes, procurava em minhas aulas e meu projeto uma proposta pedagógica que favorecesse situações que permitissem ao estudante experimentar possibilidades de produção, recepção e contextualização do trabalho artístico e que tinha como objetivo analisar as relações entre patrimônio histórico e recepção de arte articuladas pelo fazer artístico, pela apreciação da arte e pela reflexão sobre o valor desta na sociedade. Enfim, refletir sobre a relação do indivíduo com o seu cotidiano, com seu patrimônio histórico por meio das músicas, danças e ritmos amazônicos.

Dentro dessa perspectiva abordada na proposta curricular de artes no município de Cruzeiro do Sul e no estado do Acre é que surgiu o Projeto Ritmos da Amazônia como sendo uma referência no estudo, na fruição de valores e das potencialidades artísticas de nossos educandos.

A justificativa principal do Projeto Ritmos da Amazônia reside no fato de que o projeto revive e solidifica a cultura folclórica e cultural da região. O principal fruto deste projeto é a Banda Swing da Mata, que hoje se consolidou como umas das principais bandas da região. Como também o lançamento de coreógrafos, músicos de bandas e dançarinos que desenvolvem atividades em várias outras instituições. O benefício maior para a comunidade é o fortalecimento da cultura regional e o desenvolvimento de uma consciência social voltada para a construção de nossa identidade a partir do desenvolvimento de ações que, acima de tudo, têm como meta principal, a formação de cidadãos conscientes e comprometidos com o desenvolvimento sustentável de nossa região do ponto de vista cultural, social e econômico.

Dentro do Projeto Ritmos da Amazônia, havia um direcionamento para os ritmos e sonoridades amazônicas que, por meio da apreciação musical e da prática musical, os alunos adquiriam conhecimento musical específico. Talento e gostos musicais variados eram pontos extremamente positivos. Aproveitava toda essa gama de talentos e tornava meus alunos os protagonistas do projeto. É claro que o Projeto Ritmos da Amazônia foi a grande vitrine para o município de Cruzeiro do Sul. Na sua 5ª edição, levamos o projeto para o centro da cidade, em praça pública, e mais de 5 mil pessoas assistiram admiradas aos grupos musicais e grupos de dança que se revezavam no palco.

A identidade cultural também tinha importância fundamental dentro do projeto. No Projeto Ritmos da Amazônia, tínhamos a junção de valores artísticos e históricos adquiridos ao longo dos anos por meio das relações estabelecidas entre os indivíduos, nossos estudantes e o meio em que viviam, sejam eles físicos e sociais. A relação musical existente dentro do projeto possibilitava uma melhor apreciação e uma melhor escuta do cancioneiro amazônico por parte dos alunos. Ao se depararem com novos sons, novos ritmos, novas sonoridades, os alunos tinham acesso a um ingrediente a mais na formação de suas identidades culturais.

    O trabalho realizado com a cultura regional dentro do meio escolar fortalece nossas raízes e agrega novos e importantes valores sociais e culturais na formação da identidade de nossos alunos. Há um importante legado deixado pelo Projeto Ritmos da Amazônia. Era visível a alegria e o entusiasmo de todos no planejamento e na execução de todas as ações. Havia um engajamento de todos dentro do processo de formação educacional, artístico, musical e cultural dos educandos. Enfim, foi um projeto que nasceu para marcar uma geração e toda uma cidade.

    Enfim, com aquela notícia, uma premiação a nível nacional, a alegria tomou conta de toda comunidade escolar. Aos poucos a notícia se espalhou e rapidamente deixou alegre toda cidade de Cruzeiro do Sul e o estado do Acre. Tínhamos no estado um professor da rede pública de ensino ganhador de um prêmio a nível nacional.

    Em Brasília tive uma experiência riquíssima. Pude ter contato com outras maravilhosas práticas educativas de professores das mais diversas regiões do país. O bom professor é aquele que, além de ensinar, também aprende no dia a dia. Foram dias de aprendizagem, de conhecimento e de compartilhar ensinamentos e experiências com arte educadores de todo o país.

    Para mim a Educação é a base de tudo. Aliar educação e cultura é dar oportunidades para mudanças e para a realização de sonhos. É com esse espírito que sempre encarei o desafio de ser professor. Criar o Projeto Ritmos da Amazônia foi uma forma de permitir que meus alunos experimentassem uma nova forma de ver o mundo ao seu redor, que tivessem uma oportunidade de apreciar a arte e de realizar reflexões acerca do valor da vida em sociedade. Aquela premiação foi recebida por mim, mas naquele momento representava centenas de alunos que já tinham passado e deixado suas marcas para sempre nas páginas escritas do Projeto Ritmos da Amazônia.

Ao voltar para Cruzeiro do Sul fui recebido por meus familiares, amigos e uma multidão que tinha no rosto motivos demais para demonstrações de muita alegria. A direção da escola, professores e alunos organizaram um desfile pelas ruas da cidade de Cruzeiro do Sul para comemorar aquele prêmio que, como disse anteriormente, não era só meu, mas de uma legião de alunos, de professores, de diretores que desde 2003 fizeram parte dessa linda história nascida e desenvolvida na Escola de Ensino Médio Professor Flodoardo Cabral.

O professor tem uma missão árdua, linda e muito importante na sociedade. Esse é o nosso papel. Fazer com que nossas plantas tenham as melhores condições para cresceram e se tornarem essenciais para a sociedade. O mundo de um vencedor é determinado por sonhos e sonhos, por lutas diárias e por uma mistura de conhecimento, trabalho e paixão. Margareth Thatcher, primeira-ministra britânica de 1979 a 1990, nos remete à reflexão em duas de suas várias frases célebres: "Gostaria que você soubesse que existe dentro de si uma força capaz de mudar sua vida. Basta que lute e aguarde um novo amanhecer", e, "eu não conheço ninguém que tenha chegado ao topo sem muito trabalho. Essa é a receita. Nem sempre você vai chegar ao topo, mas vai chegar bem perto". Precisamos primeiramente acreditar em nossos sonhos e que podemos torná-los realidade.

É preciso compreender que para atingir esses sonhos teremos que lutar com todas as forças diariamente. Importante salientar aqui que, por muitas vezes, desceremos alguns degraus ou recuaremos alguns passos. Será importante esse recuo porque nos fará seguir sempre em frente até atingirmos o nosso objetivo. Cada derrota nos fará mais fortes e preparados para avançar mais e mais. É preciso acreditar no sentido da tríplice referência: fé, força e foco. Acredite: você pode realizar e tornar real cada meta, cada objetivo traçado.

As vitórias que surgem em nossas vidas são uma mistura de muito esforço, de muita persistência e de espera. As lutas são diárias e, portanto, precisam de um esforço às vezes sobre-humano para conseguir realizar algo. Cada passo que damos no sentido de vencer é determinado por nossa persistência em nunca desistir e por acreditar sempre que de uma forma ou de outra chegaremos ao fim. Contudo, a paciência é fundamental em qualquer dessas situações. Nosso tempo precisa de momentos de paciência e de relaxamento. Isso é importante pois estes momentos de paradas servem para recarregarmos as baterias literalmente.

Minha vida dedicada ao Projeto Ritmos da Amazônia foi pautada no esforço e na persistência. Primeiramente acreditei desde o início no projeto. Tinha certeza dos seus princípios e da importância para a formação educacional dos meus alunos. Superando críticas e preconceito, o projeto saiu literalmente da sala de aula de uma escola e chegou até o meio social. O projeto começou a fazer parte da vida de muitos jovens se tornando também um celeiro de talentos de Cruzeiro do Sul. Depois de alguns anos a Escola Professor Flodoardo Cabral passou a ser conhecida como um dos maiores polos de artistas da região. Ser persistente é acreditar acima de tudo na realização dos seus sonhos. É se superar nas horas mais difíceis.

Esse terceiro momento da minha vida em 2013 foi fundamental para ter a certeza que temos uma força que é capaz de fazer maravilhas em nossa vida e na vida de outras pessoas. Contudo, me fez perceber que é necessário ter disciplina sempre. O planejamento e a organização são imprescindíveis em qualquer projeto. A autodisciplina é necessária porque ajuda a não tirar você do foco. Ajuda a ter direcionamento e firmeza na resolução de todas as metas determinadas. É importante salientar que a resolução de todas as metas definidas tornará mais viável e menos cansativo a vitória sobre suas ações propostas.

Foi nesse sentido de organização e de planejamento que pautei o Projeto Ritmos da Amazônia desde o princípio. Além de planejamento e organização era preciso tornar o projeto em um veículo de transformação social e cultural. Nos pressupostos teóricos do projeto afirmo que as orientações e exigências sociais do ensino na atualidade vêm sugerindo que os estabelecimentos de ensino trabalhem na perspectiva histórico-crítica, em que a função própria da educação escolar é dotar o homem de conhecimentos e habilidades, a partir de experiências vividas, resultantes das múltiplas relações sociais, que se concretizam nas ações e relações pedagógicas da instituição escolar.

Portanto, a função social da escola é propiciar a difusão dos conhecimentos e sua reelaboração numa visão crítica, visando ao aprimoramento do conhecimento e da vida do aluno por meio de projetos e experiências que envolvam a cultura, as novas tecnologias e as inovações científicas. Tinha naquele projeto uma ferramenta de excelência onde poderia de uma forma lúdica inserir meus alunos em um mundo de construção coletiva do saber baseado em princípios cultuais, científicos, históricos e sociais. Importante aqui ressaltar que todo o processo de construção do projeto teve uma somatória dos conhecimentos de alunos e professores, de experiências vividas e de princípios culturais. Foi, definitivamente, uma construção coletiva do saber. Quando digo que aquela premiação não foi apenas minha quero dizer exatamente isso, ou seja, que todos fazem parte da construção desse projeto de sucesso. Houve, portanto, em todas as etapas do projeto, a participação de todos os atores e autores do processo educativo. Tal relação foi fundamental para o sucesso do projeto.

Nesse sentido, uma outra frase de Ayrton Senna que carrego comigo em minha vida, em meus planos e principalmente em meus projetos é: "Eu sou parte de uma equipe. Então, quando venço, não sou eu apenas quem vence. De certa forma finalizo o trabalho de um grupo enorme de pessoas!". O Projeto Ritmos da Amazônia surgiu da necessidade de tornar a aula de Artes mais atrativa e funcionalmente cultural. Surgiu da necessidade de fazer com que meus alunos pudessem contextualizar o seu trabalho artístico com o patrimônio histórico e cultural que fez parte da formação de sua identidade cultural e que pudessem refletir sobre sua participação direta e seu valor dentro da sociedade da qual faz parte.

Assim sendo, foi necessário que muitas mãos se juntassem e acreditassem no sucesso daquele projeto. Diretores, coordenadores, professores, pais e principalmente alunos contribuíram com ideias, sugestões e presenças durante todas as fases de planejamento, organização e execução. É importante mencionar o grandioso trabalho colaborativo desenvolvido por todos. Foi necessária essa união de uma grande quantidade de colaboradores, tendo em vista, também, que tal projeto não era uma unanimidade. Tivemos que lutar contra o preconceito e a falta de confiança de muitos assim como também do próprio sistema que não estava preparado para uma evolução na forma de se trabalhar a arte.

Enquanto havia de minha parte e de várias outras pessoas o entendimento e a compreensão de que as aulas de Artes devem levar o estudante a experimentar possibilidades de produção, recepção e contextualização do trabalho artístico, por outro lado tínhamos o não entendimento de vários outros profissionais. Isso dificultava e nos entristecia porque acreditávamos que estávamos no caminho certo e tínhamos a certeza dos benefícios para nossos alunos e para a própria cidade de Cruzeiro do Sul.

De certa forma, levou um tempo para ganharmos a credibilidade e o reconhecimento. Na prática e de forma institucional aprendi esses conceitos quando cursei Artes Visuais e Música na Universidade de Brasília, pelo Sistema Universidade Aberta do Brasil. Nas aulas de artes nossos alunos devem ser levados a terem contato direto com a arte, a vivenciarem e a experimentarem a arte. Levou dez anos para aquele projeto iniciado dentro de quatro paredes de uma sala de aula literalmente saísse da escola indo de encontro direto à sociedade e para que pudéssemos crer que nossos sonhos foram feitos para serem realizados. Superamos as dificuldades, tornamos o possível em impossível e tivemos pela primeira vez um trabalhador da educação, um professor acreano e cruzeirense como um dos melhores professores do Brasil.

Ao longo dos anos em que estive a frente do projeto Ritmos da Amazônia, aprendi muitas coisas. Foram muitos aprendizados numa relação ensino aprendizagem de fato e de direito. Persistência, dedicação, luta, organização, planejamento foram alguns conceitos que aprendi ou que fiz crescê-los dentro de mim.

Em qualquer etapa de sua vida ou em qualquer situação a persistência deve estar sempre presente. Nunca desistir será fundamental para o sucesso em algo. Persistir sempre nos dará a oportunidade de vermos os sonhos se tornando realidade a cada dia. Não é fácil continuar sendo sempre otimista, persistente, quando na tua frente há tantos obstáculos e tantas dificuldades para superar. A persistência fará com que você acenda dentro de si uma força interior que se bem canalizada poderá fazer milagres em tua vida. Uma forma que poderá te fazer chegar em locais nunca pensados. Uma força que fará com você vença batalhas e mais batalhas diariamente rumo ao sucesso, rumo às tuas realizações.

Persista sempre rumo à realização de todos os teus sonhos. A única compreensão para isso é que você é o responsável direto pela realização de cada sonho. O sonho é teu. Então é você que deverá buscar os mecanismos necessários para a sua concretização. As pessoas ao teu redor poderão até ajudar ou impedir que seus sonhos se tornem realidade. Contudo, o único responsável por todo esse processo é você. Viva os seus sonhos. Realize-os. Lute por eles. Caminhe, lute, sofra, pense, corra, ande, chore, ria, mas realize seus sonhos.

Nossa passagem nessa vida deve ser marcada para sempre. Acredito, como já escrito anteriormente, que não estamos aqui por acaso. Nossa trajetória de vida é pontuada por planos, metas, objetivos ou sonhos, como queira definir. Entretanto, acredite que você nasceu para realizar todos esses sonhos. Que você irá vencer. Não será fácil. Às vezes o caminho é cheio de pedras, tortuoso, cheio de paredões enormes para serem escalados. Outras vezes o caminho é plano, reto, livre de pedras, de dificuldades. Entretanto, planeje esse roteiro, essa jornada, planeje o passo a passo para se chegar ao fim. O tempo será fundamental nesse processo. Essa vitória tão desejada pode estar perto ou longe demais. A paciência será uma excelente virtude para saber esperar a hora certa. A preparação física e mental será importante nessa caminhada. A vitória virá. Mas, para isso acontecer, você terá uma grande jornada a seguir. Lutar faz parte. Ter paciência deve fazer parte. Se preparar para esse dia é uma necessidade. Saber ganhar ou saber perder deve ser trabalhado diariamente. Lembre-se que a felicidade não está apenas nos resultados, mas ela pode estar presente no caminhar, nas ações do dia a dia, nas derrotas, nos sofrimentos, mas também nas vitórias e nas alegrias diárias.

Lutar todos os dias deve ser sempre nossa meta e nossa maior motivação. Nossas lutas diárias irão refletir o nosso sucesso ao final. Toda e qualquer luta realizada por nós é uma pequena vitória que se acumulará para a grande vitória final. É claro que a desistência de algo pode bater sempre em nossa volta. O desistir é real. O desistir é verdadeiro. Contudo, vença o desânimo e faça com que a desistência desapareça. Busque aquela força interior para superar as fraquezas, para superar os desânimos, para superar todo e qualquer obstáculo que aparecer pelo caminho. Acredite que você pode, sim, vencer e que você, acima de tudo, poderá chegar aonde os teus sonhos te colocam.

Sempre acreditei que poderia realizar todos os meus sonhos. Assim como também sempre acreditei que não seria fácil. Nesse sentido, sempre busquei planejar e organizar minhas metas e ações para chegar até meus objetivos. Sempre foquei firme e forte em direção do que eu queria realizar. Pensamento sempre positivo. Preparação para as derrotas e obstáculos diários. Sempre soube esperar. Acredito que tudo tem a sua hora e que essa hora não depende de mim. A vitória vai chegar. Na hora certa, no momento certo. Contudo, é preciso primeiramente acreditar e lutar até o fim.

O grande campeão brasileiro Ayrton Senna dizia que "no que diz respeito ao empenho, ao compromisso, ao esforço, à dedicação, não existe meio termo. Ou você faz uma coisa bem-feita ou não faz". Esse deve ser o nosso pensamento e acima de tudo nossa atitude. Nossas ações devem ter nossa máxima dedicação. Precisamos nos dedicar de corpo e alma em nossos projetos. Cada detalhe, cada ação realizada deve ser feita com muito cuidado e com cem por cento de nossas forças. Quando falamos em força e foco, estamos falando de uma dedicação sem tamanho, de um compromisso intenso, de um esforço que vai além de nossas forças. Compreendo que devemos buscar nossa força interior e depositar em todos os nossos fazeres. É necessário que se compreenda que para que algo se torne grande minhas ações, meus pensamentos, minhas atitudes devem pelo menos estar no mesmo patamar dos meus sonhos. Para fazer algo bem-feito é preciso que tenhamos dedicação e empenho integral. Para isso será necessário termos disciplina, organização, planejamento, força, foco e fé.

Receber o Prêmio Professores do Brasil foi um momento de muita alegria, de muita felicidade e de muita realização enquanto profissional da educação. Chegar aonde cheguei como professor posso garantir que não estava em meus planos. Mas como ser bem-sucedido em algo se isso não faz parte dos seus planos? A resposta é muito simples. Sempre procurei fazer o melhor em sala de aula, ser um bom professor; fazer a melhor aula, o melhor projeto, o melhor conteúdo. Tinha uma dedicação total e uma presença integral na escola que lecionava. Procurei fazer tudo da melhor forma possível. Foi fácil? Não. Não foi. Mas tinha uma paixão por aquele ambiente. A sala de aula para mim era motivo de alegria e de realização. Nem sempre os nossos planos são os planos de Deus. Só sei que ao receber aquele prêmio de Professor do Brasil tive a certeza de que tinha algo de muito especial preparado para mim. Que talvez eu não soubesse o que seria. Mas que acreditava que eu poderia fazer sempre algo em prol de alguém ou de alguma situação. Aquele momento me fez acreditar mais e mais que cada um de nós não está aqui por acaso. Que cada um de nós vai construindo pouco a pouco algo grandioso. Que cada um de nós precisa acreditar e nunca parar de lutar. Desistir deve estar sempre fora de todos os nossos planos.

O nosso caminhar no dia a dia será cheio de pedras, de desvios e de medos. Cada pedra, cada desvio e cada medo deve servir para nos fortalecer mais e mais e para nos encorajar sempre mais. É preciso aproveitar as oportunidades que surgem a nossa volta. Cada oportunidade deve ser vista como um novo momento, uma nova ação rumo à realização de cada sonho, de meta, de cada ação. Enfrentar as dificuldades com coragem e disposição será fundamental para nossa vitória diante de um obstáculo, de uma adversidade.

Aprendi muito nesse ano de 2013. Foi um ano de muito crescimento intelectual, emocional e espiritual. Literalmente, aprendi que temos que viver intensamente cada dia de nossas vidas. Como eu iria imaginar, em 1º de janeiro de 2013, tudo que eu passaria naquele ano. O renascimento de alguém que sempre acreditou que empenho, compromisso, dedicação, são essenciais para se conseguir vitória sobre algo. Alguém que sempre acreditou que não existe o fazer de qualquer jeito. Ou se faz bem-feito ou não se faz. Ou você entra de corpo e alma em seus projetos ou os não inicie. Alguém que sempre acreditou que Deus nos coloca nessa Terra com uma missão. Deus não daria talento a alguém se Ele não quisesse que esse alguém o usasse. Acredite em si. Acredite em sua força interior capaz de lhe levar a alcançar e realizar todos os teus sonhos. E por que tudo isso? Porque 2013 ainda não teve fim.

CAPÍTULO 4

SEJA A SUA PRINCIPAL MOTIVAÇÃO

Quando penso que cheguei ao meu limite, descubro que tenho forças para ir além.

(Ayrton Senna)

O ano de 2013 realmente trouxe muitas reflexões. E por que ele não chegou ao fim? A resposta está em tudo que aprendi e que absorvi para minha vida. Tive uma nova oportunidade de recomeçar. Tenho certeza de que estar contando um pouco dessa história faz parte dessa oportunidade de poder afirmar com todas as letras que meu ano de 2013 não acabou e que ele irá se refletir em cada ação, em cada palavra, em cada gesto, em cada ato de doação por toda a minha vida. Tudo que vivi e aprendi está sendo usado para me tornar um ser humano cada vez melhor, um profissional cada vez mais capacitado, uma pessoa mais sensível e atento aos anseios da sociedade em que vivo. O ano de 2013 não acabou e tudo que aconteceu me deixou mais fortalecido para fazer com que cada dia vivido por mim possa ser uma continuação de 2013. Que cada dia possa ser vivido com mais intensidade, com mais amor, com mais foco, com mais dedicação. A motivação principal para enfrentar de corpo e alma o meu dia a dia é minha própria história vivida, com seus acertos e seus erros, com seus fracassos e suas vitórias. Acredite em si. Sua motivação principal deve ser você. E deve ser pelo único e principal motivo: você está vivo e está tendo a oportunidade de se decidir se vai ficar na plateia a vida toda ou se vai subir para o palco e ser o principal protagonista da história da sua vida.

O momento para tomar essa decisão de ser o ator principal da história da sua vida é agora, o momento presente. Somos os principais responsáveis pelo nosso momento presente. E esse tempo será determinado por todas as nossas ações postas em prática. É importante mencionar que o momento presente pode ser totalmente aproveitado ou esquecido por nós. Quantas vezes acordaremos com sonhos, vontades e desejos e não teremos a coragem para iniciar a realização destes. Quantas vezes adiaremos o início baseado em situações sem importância no presente que nos fazem parar no tempo, que nos fazem desistir de algo sem pelo menos ter tentado iniciar.

É importante acreditarmos que é nesse momento presente que temos a oportunidade de sonhar e de buscar a realização deste sonho. Acreditando que podemos realizar todos os sonhos, nos tornaremos mais motivados e dispostos a seguir sempre em frente. A cada amanhecer teremos a confirmação de que Deus nos concede uma oportunidade única para fazermos o diferente, para fazermos de fato acontecer tudo o que sonhamos e planejamos. Ser motivado é estar pronto para fazer acontecer, é ter a certeza da superação e de que o fim será alcançado a partir da vitória de cada passo dado. É acreditar que o impossível é algo que ainda não foi tentado. É confiar de que nossas tentativas tornarão o impossível em algo possível.

Para que todos esses sonhos possam caminhar no sentido de suas realizações com tranquilidade e foco é preciso vencer a procrastinação. Temos que, a cada amanhecer, pedir força a Deus e acreditar que iremos vencer. Ter foco e determinação é primordial. Temos que superar o desejo de deixar para depois, para amanhã ou para quando tivermos tempo. No nosso caminho rumo ao sucesso e à realização de nossas metas e objetivos a procrastinação é uma das principais forças negativas que podem atrapalhar o nosso caminhar. Para poder superar essa força de sempre ter desculpas para adiar sonhos e metas e melhor forma é dar o primeiro passo. Buscar forças para o segundo passo. E assim sucessivamente. Todos os dias devem ser sempre um começo. Uma vitória a cada dia, uma vitória de cada vez até vencer por completo a guerra. Lembre-se: o fato de você acordar e estar vivo já é motivo suficiente para agradecer e se sentir motivado para ir sempre em frente.

Quando você olha em frente e deposita nesse olhar sonhos, lembre-se que será sempre um sonho até o momento de você se debruçar sobre ele, planejar as vias para se chegar ao final, enfim, até o momento de decidir transformar o sonho em meta, a meta em ação e a ação em resultado. É importante tratar, aqui, da meta. Ela é importante porque nos ajuda a organizar e a planejar um caminho seguro e eficaz. Focando em nossas metas vamos caminhando sempre com olhar firme e atento a cada passo.

Nesse caminhar precisamos ter sempre presente nossa paixão. É preciso se entregar com paixão, se entregar de corpo e alma em cada etapa, em cada ação e em cada meta. Lembre-se: o conhecimento é importante. Mas, aliar esse conhecimento com a paixão pelo que se faz é um dos segredos do sucesso. Fé, força e foco sempre. Juntar todas essas ferramentas possibilitará ter ganhos mais rápidos e possibilitará chegar com mais facilidade ao seu objetivo final.

É preciso ter a consciência sempre que nossa vitória dependerá exclusivamente de nós mesmo. Também é preciso ter a compreensão que a vitória poderá não vir de vem em quando. Contudo, é importante e imprescindível entender que, mesmo que essa vitória não chegue, parar de lutar deve estar fora de nosso objetivo. Lutar sempre com garra, com fé, com foco e com muita determinação. As vitórias podem até demorar, mas a sensação de se superar, de recomeçar nos dar a certeza de que somos fortes e que podemos sempre ir em frente.

Muitas vezes deixamos escapar certas vitórias pela nossa ansiedade de termos de imediato a vitória. Precisamos compreender que esta depende de um processo diário de conquistas, de superações, de planejamentos e de organizações. Depende de paciência e de compreensão de que tudo acontece na hora certa.

Aceitar que tudo acontece na hora certa é importante para controlarmos nossa ansiedade. Se fizermos uma pesquisa conheceremos centenas de histórias de pessoas do mundo todo, famosas ou anônimas, que durante suas lutas sofreram muitas e muitas derrotas. Contudo, dessas histórias também vamos encontrar pessoas que nunca desistiram de tentar, que nunca desistiram de continuar tentando. O jogador treina uma jogada centenas de vezes para buscar a perfeição; o cantor ensaia sempre para fazer sempre melhores shows; o velocista treina anos e anos para diminuir às vezes um segundo em seu tempo. Temos que ter esse foco e acreditar que continuar a batalha diária é fundamental para o sucesso.

Nesse sentido, a batalha diária já faz parte de nossas vitórias. A vontade de querer o sucesso pessoal, a vontade de querer vencer deve ser comemorada sempre. Chegar ao final é uma consequência da vitória sobre cada etapa ou ação realizada. A derrota e o recomeço de uma ação ou de uma meta faz parte do nosso crescimento e deve fazer parte da nossa determinação de chegar ao fim. Lembre-se que cada etapa vencida deve ser um orgulho para você. Lembre-se, também, que a cada vitória sua, novas pessoas verão em você seu exemplo de superação, de luta e de persistência.

É necessário quebrar barreiras sempre. Barreiras do egoísmo, do comodismo, da procrastinação, da desmotivação para conseguir a realização completa de nossos sonhos. Quebrar barreiras é dar a possibilidade do impossível se tornar possível. É acreditar acima de tudo na sua capacidade de superação constante, de renascimento a cada dia e de acreditar que em você existe a essência do poder de conquistar o sucesso, seja ele pessoal, social, financeiro ou profissional.

O sucesso deve fazer parte de uma motivação diária, tendo como base a determinação e a autoconfiança. Essas qualidades são fundamentais e importantes para se chegar até nos objetivos propostos, que nos levarão até o sucesso desejado. Se formos determinados e focados em nossos objetos será muito mais fácil a superação dos problemas que surgirem pelo caminho.

Nesse sentido, penso como teria sido o meu ano de 2013 se estas palavras não fizessem sentido para mim a um bom tempo. Focado, determinação, autoconfiança são palavras cujos significados sempre busquei colocar em minha vida e principalmente em minhas ações. Minha motivação principal vinha da capacidade de sempre superar as adversidades e de sempre focar em frente. Lembro-me que sempre que uma meta chegava ao final já tinha tinhas outras a serem vencidas, a serem superadas. Essa capacidade e força de vontade de estar sempre realizando algo me deixavam sempre motivado e determinado em seguir sempre em frente.

   Ao afirmar que o ano de 2013 não teve fim, digo que tudo que aconteceu me fortaleceu e me deixou mais focado em querer realizar mais e mais planos. Todos os acontecimentos, principalmente o acontecido em novembro de 2013, me deram a certeza de que devo continuar sempre essa missão de trabalhar e de ajudar a construir mais e mais projetos. Contudo, esse acontecimento me mostrou que cada passo que caminho, que cada degrau que subo me tornará mais forte, focado e determinado em meus objetivos.

   Contudo, é preciso uma ação inicial. Isso serve para mim e para todos que leem este livro. Tudo se tornará mais fácil a partir do momento que inicio uma ação. Por mais simples que possa parecer como ler um livro, escrever uma carta, limpar um quintal, planejar uma viagem, organizar um projeto, o importante é dar o primeiro passo. Acredite que após essa tomada de decisão inicial tudo se tornará mais fácil.

   Essa ação inicial é importante para sairmos da inércia e para nos dar o impulso para começar. Uma vez iniciada a ação é preciso que tenhamos foco e determinação para continuarem todos os estágios para se atingir a meta inicial. Cada etapa e cada ação a ser desenvolvida e atingida deverão ser vividas com intensidade, com compromisso e uma imensa vontade de realização.

   Nesse sentido, é importante falarmos aqui da força mental. Nossas ações iniciam sua caminhada de vitória e de sucesso ainda em nossas mentes. A primeira batalha é iniciada ainda em nossa mente. Precisamos vencer essa batalha e estar mentalmente abertos e preparados para uma caminhada por vezes fácil, por vezes difícil, uma caminhada recheada de vitórias, mas também de derrotas. O importante aqui é entendermos que nossa mente precisa caminhar com nosso corpo e que todas as etapas vencidas fazem parte do nosso próprio fortalecimento e de nossa preparação para o sucesso de nossos objetivos.

Nesse processo contínuo de trabalho entre corpo e mente temos que ter a capacidade de sempre sermos persistentes. A persistência é demonstrada principalmente pela capacidade de iniciar de novo. Não é, às vezes, uma ação fácil e controlada. O desânimo tende a ser um grande vilão nessas horas. Contudo, nosso foco e nossa determinação devem ser maiores que o desejo de parar. Para isso, ser persistente deve ser também parte de nossas metas.

Mais uma vez insisto aqui no tríplice força, fé e foco. Quando miramos nosso objetivo, reunimos todas as forças presentes e vamos de encontro ao futuro. Nosso foco deve ser nosso guia. Entretanto, é importante compreendermos que nosso objetivo é agregado de várias e pequenas vitórias que são altamente importantes e necessárias para nos dar essa motivação necessária para persistir sempre. Precisamos acreditar que temos uma força interior capaz de suportar cargas imensas de dor, de cansaço e de desânimo, mas acima de tudo, uma força que é capaz de superar tudo. E, acima de tudo, temos que ter fé e acreditar incondicionalmente que Deus nos conduz e estar em conosco em cada passo de nossa jornada. Que Ele nos dará a força necessária para no tempo certo atingirmos nosso objetivo.

Esse objetivo, por muitas vezes, parece inatingível. Sim, às vezes nos parece impossível. Contudo, o impossível deve ser encarado como algo que, se repetido e tentado inúmeras vezes, pode se tornar possível. Não é uma tarefa mais, mas pode ser perfeitamente realizada. Tornar ações impossíveis é parte de nossas metas onde o ter se une com o ser. É preciso insistir, repetir, é preciso estudar, ter foco, ter determinação, ter paciência e consequentemente, é preciso ser persistente.

Nesse sentido, devemos ser fiéis a nós mesmos, aos nossos objetivos, metas e ações, ao nosso planejamento e à organização de nossas estratégias. Alcançar grandes vitórias vai depender em grande parte dessa orientação. Importante aqui salientar que, mesmo com planejamento e organização, muitas ações podem sair como não planejadas. Precisamos estar preparados mentalmente e fisicamente para buscarmos uma reação perante as derrotas que porventura forem aparecendo. Essa reação acontecerá de forma mais rápida e eficaz se mantivermos nosso foco e nossa atenção aos nossos propósitos e naquilo em que acreditamos. As grandes vitórias chegarão a partir do momento que conseguirmos sermos nós mesmos em todas as etapas e em todas as ações. Acredite em você e tenha sempre em mente que um homem determinado é capaz de superar e de conquistar sempre a vitória.

A partir do momento em que você acredita no seu eu, na sua capacidade de ação e reação, você alcança os objetivos traçados. Para alcançar os objetivos propostos é necessária uma capacidade de muito foco e muita determinação para chegar nesses objetivos. O trabalho diário, aliado com muita dedicação e responsabilidade, lhe fará chegar aonde teus sonhos te colocam. Temos que ter sempre um alto padrão de motivação diária, tendo em vista que as dificuldades estarão sempre a bater em nossas portas. Contudo, nossa capacidade de reação nos fará ultrapassar essas barreiras e dificuldades encontradas no dia a dia.

É necessário que todas as minhas ações tenham sempre como meta a realização de algo cada vez melhor. Buscar a melhoria a cada dia ou mesmo buscar a perfeição em nossas ações deve ser nossa meta também. Se fará algo, que se faça bem-feito. É preciso desenvolver uma vontade de buscar a melhoria todos os dias. É preciso fazer cada vez melhor, é preciso desenvolver cada vez mais nossa capacidade de dar o melhor de nós.

Este é o primeiro livro de uma série de projetos que marcam toda uma vida dedicada à educação, à arte e à cultura. Projetos de cunho pessoal, mas também de cunho social. Foi importante nesse amadurecimento para as letras o nível de motivação. Para mim, ser motivado é estar em condições de se desafiar, de buscar realizações às vezes quase ou impossíveis de se realizar, é ir à busca diária de realização de sonhos, desejos, vontades e metas.

O desafiar é algo que motiva e que nos coloca frente a frente com nossos objetivos. Chegar até a realização destes, como já dito anteriormente, não é um projeto fácil. Mas o simples fato de ser desafiado a vencer aguça e faz nascer uma motivação interior capaz de nos fazer ir sempre me frente. A motivação deve ser essa mola propulsora que nos faz, além de desafiar, buscar vencer os desafios. Por fim, a motivação deve ser uma das nossas principais ferramentas de sempre buscar o sucesso de nossos objetivos.

Na busca pela superação dos desafios que se colocam entre nosso sonho e a sua realização há uma cadeia de ações que são essenciais para esse fim. O desenvolvimento de um bom pensamento pode ser a raiz para o crescimento de uma árvore frutífera. É importante que tenhamos a noção exata da forma que tem nosso pensamento, que é capaz de se tornar uma ação e assim fazer movimentar uma dezena de pequenas vitórias capazes de fazer crescer e de fazer você chegar mais próximo do teu objetivo final.

Precisamos plantar bons pensamentos para que possamos colher bons frutos. Esse processo natural deve ser regado de muito trabalho, foco e dedicação. Acredite que o seu momento é sempre o atual. É mais do que a hora de surpreender você e os outros. Faça dos sonhos sua principal motivação para começar hoje. Inicie com uma pequena frase, com um pequeno verso, com a primeira nota no violão, com a primeira pedalada na bicicleta, com a primeira boa ação, inicie com o que há de mais simples e contagiante como um bom dia. Mas inicie. Inicie sua caminhada rumo a solução de seus problemas e rumo aquela vitória mais do que desejada. Tenha orgulho de você em cada passo, em cada vitória. Todas as pequenas vitórias te levarão ao sucesso absoluto. Se cair se levante. Faça de uma queda ou de um passo a menos seu principal motivo para nunca desistir. E acredite piamente que com fé, força e foco você, de uma forma ou de outra, alcançará a realização de todos os seus sonhos.

Henry Ford já dizia: "Se você pensa que pode ou se pensa que não pode, de qualquer forma você está certo". O pensamento positivo te levará a alcançar sonhos inimagináveis. O pensamento positivo te possibilitará chegar ao cume da mais alta montanha do Planeta Terra. Contudo, esse mesmo pensamento que pode te levar a lugares incríveis poderá te deixar sozinho e preso ao teu sonho. Sonhos esses que poderão se tornar realidade, contudo, é necessário, primeiramente, que você creia e acredite que pode realizar. Treine sua mente diariamente para acreditar que você pode e que você vai colocar em prática todas as tuas metas e sonhos e que além de colocar em prática você irá realizar e concretizar todos estes sonhos. Esse exercício deve ser uma rotina diária em sua vida. Ao amanhecer o dia já seja grato a Deus pelo dom da vida e pela oportunidade de poder levantar-se. Nossa vida é o resultado de todas as ações que realizamos diariamente. Faça de todas essas ações um motivo a mais para viver de forma alegre, de forma vibrante e de forma realizada.

Quantos sonhos, quantas ideias, quantos planos fazemos ao longo de toda uma vida. Quantas vezes falamos que amanhã iniciaríamos uma nova ação, uma nova meta, um novo desejo. Será preciso que um dia a gente pare de sonhar e inicie uma nova jornada. Para começar é preciso o meu sim. Não será fácil e muitas vezes não saberemos nem por onde começar, mas o importante é que foi dado o primeiro passo. Começar a tirar os nossos sonhos do papel nos dará a motivação inicial para seguir. Cada passo dado rumo à realização de minha meta é uma vitória a ser comemorada. A procrastinação, o cansaço da vida diária, o desânimo, o sono, a preguiça e aquele desejo de sempre querer começar amanhã serão tuas grandes forças contrárias para não iniciar, para não fazer, para não realizar. Dê o primeiro passo. Amanhã o segundo. E assim sucessivamente. Às vezes será necessário recuar um ou dois passos, todavia, cada passo recuado te fará mais forte para avançar mais e mais. Contudo, supere os desânimos da vida e todas as barreiras que porventura apareçam em tua frente.

Nunca é tarde para querer fazer. Nunca é tarde para sonhar. Nunca é tarde para realizar. Como já falado anteriormente, meu pai, Aldemir de Castro Maciel, escreveu seu livro de memórias aos 83 anos de idade. Um senhor com a quarta série primária que tinha um sonho de escrever suas memórias sobre a cidade que o acolheu para mostrar aos jovens como era o passado de Cruzeiro do Sul e como esse passado poderia ajudar os jovens da atualidade. Sim. Nunca é tarde para fazer algo. Beatriz Correia, na Introdução do Livro *O Encontro do Passado com o Presente: As lembranças de um amazonense de nascimento e cruzeirense de coração*, de Aldemir de Castro Maciel, nos diz que: "independente da jornada, independente da sua fé, o que importa aqui na terra são as sementes plantadas e os frutos colhidos. Por isso, é bom plantarmos e espalharmos sementes do bem para que depois, possamos colher os frutos e nos alimentar das lembranças saborosas na preparação da nossa passagem para o outro mundo. Por isso, deixo aqui um conselho simples, mas que faz muita diferença: simplesmente, seja feliz! Seja feliz nos momentos bons, nos momentos difíceis, nos momentos altos e nos baixos também. Lembre-se que as melhores sementes estão dentro de cada um de nós, basta você decidir se vai deixar essas sementes guardadas em um baú frio e escuro dentro do seu coração, ou se vai liberar essas sementes para germinarem e levarem bons frutos para outras pessoas também". Libere todas as sementes, libere todos os seus sonhos, todos os seus planos. Faça acontecer. Seja feliz. Sua coragem será seu guia. E tenha sempre em mente que nunca é tarde para se sonhar. Que nunca é tarde para se realizar. Ao liberar suas sementes e as germinar sobre a terra ao longo de uma vida, você colherá os bons frutos que foram regados pelo trabalho, pela responsabilidade, pelas amizades, pelos aprendizados, pelas experiências e principalmente pela capacidade de recomeçar.

    Walt Disney, em uma de suas célebres frases, disse: "Eu gosto do impossível porque lá a concorrência é menor".

Quer motivação melhor do que essa? Contudo, tenha a consciência de que no impossível a concorrência é menor porque a maioria das pessoas tem medo de se aventurar mar adentro, a maioria das pessoas desiste nas primeiras dificuldades, desiste de subir uma montanha nos primeiros minutos de caminhada. Não seja essa pessoa que irá desistir. Aventure-se a superar todos os obstáculos e a vencer toda e qualquer dificuldade. Poucos estarão junto com você. O sonho não se tornará possível se não acordarmos para a ação diária. A rotina nos tornará fortes, organizados e prontos para vencer a procrastinação. Assim sendo, estaremos prontos para vencer, para superar, para tornar real cada sonho, cada meta, cada desejo de nossas vidas e de nossa mente.

Os erros e os acertos farão parte dessa rotina. As derrotas e as vitórias caminham lado a lado. Minha motivação diária será no sentido de perceber e de entender os erros e as derrotas deverão e poderão me tornar mais forte. Contudo, é preciso pensar positivamente. Nossa mente deverá ser trabalhada no sentido de acreditar que tudo fluirá para a concretização das nossas metas. Se errou, busque acertar. Se foi derrotado, levante-se e vá a luta novamente. Uma força negativa sempre o irá puxar para baixo e para o desânimo, mas você deverá superar e só você poderá vencer. A realização dos teus sonhos serão tua principal motivação para nunca desistir. Acredito que todos nós temos as condições de realizar coisas extraordinárias. Mas será que estamos preparados para realizar algo extraordinário? Será que estamos preparados para assumir riscos diários? Que tua resposta seja sim. Que tua forma seja tua motivação diária. Que tua fé, tua força e teu foco te façam sair da cama todos os dias e ir em busca de tudo que sonhastes. Que teus desejos te façam superar todas as barreiras e todas as dificuldades que irás encontrar, mas que irás ultrapassar e vencer.

CAPÍTULO 5

FÉ, FORÇA E FOCO, SEMPRE

Vá firme na direção das suas metas, porque o pensamento cria, o desejo atrai e a fé realiza.

(Lauro Trevisan)

Nossa caminhada aqui na Terra é marcada principalmente por nossas conquistas alcançadas durante toda uma trajetória. Nossas batalhas diárias, nossas guerras vencidas ou derrotas absorvidas farão parte de um acervo de vários capítulos de um livro do qual nós seremos os autores. Aqui o protagonismo é nosso. Não podemos delegar nossa vida a alguém. Somos os principais responsáveis pelos caminhos e estradas por onde passaremos.

Somos os principais protagonistas de nossa vida. É preciso manter o foco em nossos objetivos. Manter o foco é estar olhando sempre na direção da realização de nossos desejos. É centralizar nossa energia e nossa garra na resolução de cada problema que aparecer com vistas à nossa vitória. É preciso termos fé de que seremos ao final vitoriosos. É preciso ter fé porque é a fé que, aliada com nossa força e nosso foco, determinará a nossa chegada à concretização de nossos ideais, de nossos objetivos.

Essa tríade que serve de orientação para todas as realizações de nossa vida são fundamentais em qualquer setor. Seja no profissional, seja no emocional, seja no direcionamento próprio de nossa vida. O nosso foco é nosso objetivo. É aquilo que queremos alcançar; é aquilo que queremos realizar. É o que nos direciona, nos motiva, nos faz prosseguir sempre. O foco é o que me deixa viver e acima de tudo é o que me sustenta. Nossos focos são nossos objetivos de vida. Por eles devemos lutar, por eles devemos superar, por eles devemos alcançar.

Nossa força será nossa arma sempre. Será o princípio para nunca desistir de lutar. Nossa força será primordial para alcançarmos a vitória. É ela que nos sustentará nas horas das dificuldades, nas horas dos obstáculos, nas horas das incertezas, que serão o divisor entre vencer ou perder. Contudo, temos que lembrar sempre que às vezes recuar não quer dizer perder. Às vezes é necessário voltar um passo para poder avançar dois.

A fé é que nos coloca sempre de pé. Acreditar que seremos vitoriosos e que tem alguém que nos dar essa força é a certeza maior de nossa fé. A fé é algo que vai além de nossas explicações. É termos total compreensão que nunca estamos sozinhos. É aceitar que, em nossa caminhada, haverá alguém que caminha sempre conosco, que participa diretamente de cada ação, de cada reação, de cada batalha, de cada derrota, mas também de cada vitória. A fé é a manifestação máxima de nossa coragem para nunca desistir. Acredite. De algum modo Deus se manifestará em nossas vidas. E Ele jamais nos abandonará. Mesmo quando pensarmos que Ele não está presente, é principalmente nessas horas que Ele mais se fará presente. Fé, Força e Foco devem ser nossas maiores armas no caminho de nossa vitória e no caminho de nossas ações para se chegar ao fim. É um processo que requer uma vigilância todos os dias. Que requer um despertar a cada hora, a cada dia, a cada amanhecer.

    Nossas vitórias devem ser comemoradas. Devem ser agradecidas. Nossa luta diária não é vão. Nada acontece por acaso. Cada passo que damos tem a permissão de Deus. Ele não nos abandona. Quando focamos em algo Deus está presente em nosso objetivo. Quando juntamos nossas forças para conseguir esse objetivo é Deus que nos dar essa força que parece não ter fim. Nossa fé é o alicerce maior dessa tríade. Por isso, agradecer sempre por todas as vitórias e conquistas de nossa vida. Chegar ao final de um ciclo é termos a certeza que tudo vale a pena, que lutar nunca será em vão e que vale todo e qualquer esforço em prol de um objetivo. Temos a consciência que não será fácil nossa caminhada. Mas será uma caminhada que nos fará crescer, que nos fará acreditar sempre mais em um Deus que nos guia e que nos dar força necessária para se vencer as batalhas diárias e nos dar a força necessária para se vencer a guerra. Uma luta diária de lutas e sacrifícios, mas uma luta cheia de amor, de paz, de fraternidade, de esperança, de colaboração e de fé.

    Quando falamos em lutas diárias nos colocamos numa situação de busca por um futuro com o qual sonhamos toda uma vida. Nosso futuro deve ser compreendido com um espaço de tempo que nos encontramos a cada dia. Não precisamos focar nossa felicidade num futuro, pois o futuro já o nosso amanhã, o nosso futuro já é sempre o próximo minuto de nossas vidas. E esse futuro nós somos os principais responsáveis por ele. Nosso futuro tem a nossa marca, a nossa digital e somos nós os únicos que podem mudar esse futuro. Assim sendo, precisamos cada vez mais acreditar em nós, acreditar em nossos sonhos, acreditar em nossas metas, estratégias e ações usadas para ase chegar em um futuro com o qual sonhamos todos os dias.

É claro que na realização destes sonhos aparecerão muitas dificuldades. Aparecerão muitas pedras perlo caminho que dificultarão nossa caminhada diária. Sempre que surgirem pedras ou dificuldades pelo nosso caminho precisamos encontrar forças dentro de nós, dentro de nossa fé, de nossas expectativas e de nossas decisões. Essa força é que nos dará a força necessária para não nos afastarmos do foco e nem da direção de nossos sonhos nem de nossas ações. Concentração é essencial para não se desviar do nosso foco. Concentração é fundamental para não se afastar do caminho, para não se afastar das trilhas que nos levarão a uma realidade sempre sonhada.

Nossa arma mais poderosa é a nossa fé. É ela que nos dará a força necessária para superar qualquer força negativa que surgir pelo caminho. É a fé que nos fará acreditar sempre que o impossível é um sonho ainda não realizado e que ele é possível sim de se realizar. Ao mantermos o foco na vitória, nossa fé se levará cada vez mais nos tornando sempre fortes e sempre focados em direção às metas estabelecidas. São essas metas que farão com que nossa caminhada se torne uma caminhada as vezes fácil, às vezes difícil, mas que nos trará crescimento físico e espiritual, crescimento emocional e nos dará a maturidade necessária para entendermos todos os percalços dessa caminhada.

Quando temos a consciência que nossa força, nosso foco e nossa fé são essenciais para realizar nossos desejos essa caminhada se torna mais fácil. Mesmo tendo as dificuldades e as forças negativas aparecendo durante essa jornada, essa tríade maravilhosa nos dará a calma, a serenidade e a sabedoria para buscar os melhores caminhos rumo a vitória. É preciso buscarmos dia a dia essa serenidade e essa sabedoria necessária para serem usadas nas decisões diárias, capazes de estabelecer um meio termo entre a derrota e a vitória.

Mas como essas decisões podem ser esse divisor de águas? As decisões tomadas de forma serena e com sabedoria nos levarão com certeza rumo à concretização de todos os nossos sonhos. A fé será mossa mola propulsora diária, que nos fortalecerá a cada segundo, a cada minuto ou a cada dia e que acima de tudo, nos levará a nunca desistir de nossos sonhos. A fé é inerente a cada um de nós. Sem ela, nossa força e nosso foco estarão desprotegidos. Acreditar sempre é preciso, sempre será primordial para nunca desanimar, para nunca deixar de seguir, de caminhar. Assim sendo, estabeleceremos uma ponte segura entre um sonho ou sonhos e a sua realização. Lutar diariamente. Ter fé diariamente. Alimentar essa fé a cada instante, com nossas boas obras, boas ações e decisões sábias e serenas.

Nossa fé nos aproxima de Deus e da realização de cada sonho, de cada meta, ação e estratégia. Temos uma página diária de um livro a ser escrito. Temos o compromisso de escrever e colocar nessas páginas palavras de amor, de crescimento, de conquistas, de vitórias, de luta e de fé. Deus nos dar diariamente uma nova oportunidade de nos tornar o protagonista principal dessa página, O livro a ser escrito por nós terá a nossa marca, terá nossa assinatura. Nossa assinatura é a certeza de que somos os responsáveis principais pela escrita do nosso livro da vida.

A escrita de cada página do livro de nossas vidas será marcada pela presença constante de Deus. Mesmo que, por algumas vezes, não reconheçamos a presença dele, mas acredite que Ele estará bem perto de nós. Nossa fé deve nos impulsionar no sentido de buscarmos as soluções para os problemas encontrados. A saída e as soluções para todos os problemas dependem de nós mesmos. Precisamos ter essa consciência e estar prontos para agir em todas as horas, em todas as necessidades.

A certeza é que vai passar. As dores, as angústias, os sofrimentos diários, as dificuldades, as incertezas, enfim, tudo vai passar. Haverá um momento certo para isso. Nossa atitude e nossa ação perante cada problema serão importantes para esse momento acontecer. A grande verdade é que nada será para sempre. Cada passo, cada página escrita, terá a nossa marca, a nossa identidade. Nesse sentido é importante centrarmos nosso pensamento e nossa fé em cada meta estabelecida. Assim sendo, conseguiremos nutrir cada ação com mais energia, vontade, dedicação e vigor, físico e emocional, ações estas as grandes responsáveis pela escrita coerente e clara das páginas de nossa vida.

Para vencer na vida, é necessário escrever cada página tendo foco nos seus sonhos e nos seus objetivos; ter força para não desistir e para não cair frente aos obstáculos que surgirão pelo caminho e fé que você irá vencer. É importante observar que o vencer na vida é tão abrangente como nossos sonhos. Podemos estar e ser realizados com a conquista de coisas bem simples como também podemos estar e ser realizados com a conquistas de coisas bem mais complexas.

Acredite em seus sonhos. Quando você acredita nos seus sonhos, nas suas qualidades e principalmente em você, suas metas são mais facilmente conquistadas. Acreditar em si é fator primordial para o sucesso. O vitorioso é aquele que enfrenta a batalha ou a guerra acreditando sempre no seu potencial, acreditando sempre na sua capacidade de superação, na sua capacidade de vitória.

Suas metas devem ser o diferencial em sua vida. Devem ser a base que te levará rumo à vitória e que te colocará sempre na linha, apesar das dificuldades e obstáculos que surgirem pelo caminho. Ter metas bem claras e bem definidas é importante no seu caminhar. A clareza no nosso caminho é fundamental para nossas conquistas. Saber onde se vai chegar e principalmente saber o que se quer alcançar será necessário para tornar o caminho mais ameno.

No trecho da música "Foco, força e fé", o rapper, compositor e ator brasileiro Projota escreve:

> "Haja o que houver, só preciso de
>
> Foco: um objetivo pra alcançar
>
> Força: pra nunca desistir de lutar e
>
> Fé: pra me manter de pé, enquanto eu puder
>
> Só preciso de foco, força e fé."

Um objetivo para alcançar deverá ser nosso foco principal. Aliado a esse objetivo nossa garra, nossa força, nossa coragem para levantar todos os dias e seguir, nossa determinação para nunca desistir diante das dificuldades será sempre nossa força maior. Nossa fé será o ingrediente espiritual que nos levará a alcançar e a realizar todos os nossos objetivos e metas de nossa vida.

É importante termos consciência que por trás de um sonho e de uma inspiração há uma verdadeira transpiração. O trabalho deverá ser diário e constante se quisermos atingir nossos objetivos. Quantas pessoas que conhecemos e admiramos nos encantam com sua força de vontade e com suas realizações pessoais e profissionais. São pessoas que venceram a procrastinação e que decidiram viver diferente, decidiram fazer acontecer, decidiram literalmente madrugar em prol de seus objetivos. Essa deve ser nossa motivação diária e permanente. Fácil não será, mas acredite na sua capacidade de superação diária. Foco, Força e Fé sempre.

Que tenhamos durante toda nossa vida muito foco, força e fé.

Foco para seguirmos firmes frente ao nosso propósito. Força para ser o combustível diário de superação, de resistência de resiliência. Fé para tornar o impossível algo real, concreto e possível. O resultado dessa união será a vitória, o sucesso, a realização. Todo o sofrimento, dedicação, superação, todas as barreiras e dificuldades, valerão a pena ao final do processo. Todas as lutas diárias e permanentes serão agraciadas pela vitória e pela completa e total realização de nossas metas. Superar o medo, a procrastinação e o desânimo terá seus resultados e essas vitórias nos trarão um sentimento de total satisfação pessoal.

Todos os obstáculos que surgem diariamente serão pequenos se você tiver consciência do grande poder que existe em você. E esse poder se manifestará nas suas pequenas atitudes diárias, seja no acordar cedo e iniciar uma caminhada matinal, seja ler um livro, seja fazer uma boa ação, seja vencer o desânimo de simplesmente se levantar da cama. Aprenda a conhecer seus limites e sua força interior. Pense positivamente diante da vida e verás as mudanças acontecerem naturalmente dia após dia. Sua vontade de vencer lhe manterá firme e forte perante suas metas de vida e acima de tudo lhe manterá no foco sempre. Entretanto, é importante que se tenha total clareza do que pretendemos alcançar. Nosso foco inicial é conseguirmos identificar de fato nossas principais aspirações. Com essa clareza inicial poderemos estabelecer nossas principais metas e ações no sentido alcançar nossos objetivos. A perseverança será fundamental nesse processo, tendo em vista que tudo tem seu tempo e que muitas vezes os resultados não surgirão de forma imediata. Todavia, é possível superar dificuldades, corrigir rotas e chegar ao ponto final.

Nesse processo para se chegar ao ponto final, muitas vezes temos força demais, mas nos falta o foco, ou vice-versa. Dúvidas e incertezas são comuns nessa caminhada. Assim sendo, torna-se necessário que façamos várias e várias correções ao longo do caminho à medida que percebemos que é necessário fazer mudanças na rota. O melhor caminho para se chegar a um determinado objetivo nem sempre é o mais reto ou o mais curto. Devemos estar preparados para uma caminhada longa ou curta, cheia de pedras e buracos pela estrada, mas sempre com a certeza de que se tivermos foco, organização e planejamento, dedicação, força e determinação aliados com a nossa fé em realizar tudo será possível. O respeito ao processo e às pessoas que encontraremos pelo caminho será decisivo para um fim glorioso.

Pessoas determinadas entenderão a importância da fé, da força e do foco em suas vidas e em suas decisões. Enfrentarão todos os desafios e saberão como ultrapassar qualquer barreira. Darão seu próprio ritmo às suas caminhadas e a sua evolução no sentido de conquistar todos os seus objetivos.

Fé, força e foco são necessários para o nosso entendimento e para nossa saída de uma vez por todas da zona de conforto. Todo e qualquer problema não poderá ser mais forte que nossa resiliência. O processo não será fácil, mas nosso enfrentamento com inteligência, com equilíbrio e principalmente com otimismo, no fará superar as adversidades. Transformar desafios em oportunidades e aprendizados fará parte todos os dias de nossa jornada.

    Por fim, este não é um livro com receitas prontas e acabadas para ajudar a superar as dificuldades e a tornar real os nossos sonhos e desejos. Os problemas fazem parte e são inerentes a cada um de nós, dia após dia. Contudo, é possível transformar a dor, transformar o medo, transformar a insegurança em uma motivação capaz de te fazer superar qualquer obstáculo e de caminhar rumo à vitória. É preciso acreditarmos que tudo é possível e que podemos ter a capacidade de superar diante das dificuldades do dia a dia e das adversidades que surgem em nossa vida. Fé, força e foco representarão além de nossa confiança, a nossa resiliência, nossa concentração e o nosso esforço pessoal no sentido de que, ao superar os obstáculos, podermos alcançar todos os nossos objetivos.

CAPÍTULO 6

É PRECISO PELO MENOS RISCAR O CHÃO. RISQUE O CHÃO

Tudo que você tiver que ser, seja bom.

(Abraham Lincoln)

A vida realmente é algo extraordinário. O ser humano pode viver de dias ou meses a mais de cem anos, em muitos casos. Surgem em nossa vida inúmeras oportunidades de ações, de crescimento, de amadurecimento, de vivência. Assim sendo, não consigo imaginar alguém viver durante anos e não deixar sua marca em algo, sua identidade ou pelo menos um risco no chão. Faça algo. É preciso pelo menos riscar o chão. Risque o chão.

Na verdade, o risco no chão significa nossas ações durante toda nossa vida. É preciso deixar nossa marca. É preciso que nossa vida seja vivida de forma intensa. Nesse palco onde acontece o desenrolar de toda nossa existência por muitas vezes estaremos na plateia batendo palma e assistindo uma multidão de pessoas construindo enredos, contando histórias, realizando feitos, descobertas, ações.

Acredito seriamente que está na plateia é importante, mas porque não está no placo também? É preciso ser os protagonistas de nossa história. Deixar nossa marca. Deixar nossas construções. Edificar cada etapa de nossa vida de forma séria e bem-feita. Se é para fazer, que façamos bem-feito.

Ser protagonistas significa estar à frente das nossas ações e decisões. É claro que isso não será tarefa fácil. Contudo, é nas dificuldades que teremos a oportunidade de crescermos e se desenvolvermos. Esse crescimento é uma ação diária e que fará parte de toda nossa vida. Os problemas surgirão como gotas de chuva caindo do céu. Serão muitos. Mas nossa fé, nosso foco e nossa força diária irão com toda certeza ter a capacidade de superar esses problemas. Por isso acreditar nessa tríade é fundamental para o nosso sucesso e para o aplauso final.

Escrever um roteiro não é algo fácil. É algo que requer nossa parceria e nossa vivência junto a outras pessoas, a outras comunidades, muitas vezes, com pensamentos e ideias contrárias à nossas. Entretanto, é nas adversidades que encontraremos as ferramentas necessárias para seguir em frente mesmo quando há incertezas e diferenças nas pessoas envolvidas no roteiro a ser escrito. Esse é um processo de construção colaborativa. É um processo que vai requer uma colaboração de pensamentos, valores, atitudes, ações, certezas e incertezas. Contudo, é um processo que valerá a pena acontecer. Nos fará crescer, amadurecer e construir os meios e os mecanismos necessários para avançar sempre. Para avançar construindo sempre o ideal de vida para cada um de nós.

Por muitas vezes encontramos muitas dificuldades para abrir os caminhos que precisamos para chegar ao destino. Será necessário às vezes mudarmos o traçado e a própria direção para se chegar ao final. Será necessário muitas vezes mudarmos nossas atitudes, nosso comportamento e até mesmo nossa visão sobre algo. É algo importante quando queremos atingir nossos objetos.

    Essas mudanças são adaptações necessárias e fazem parte de nosso próprio crescimento, de nosso amadurecimento, de nossas vivências diárias. Quando não pudermos mudar o caminho a percorrer mudamos então nossa atitude ao caminhar por aquele caminho. Nossas atitudes são peças fundamentais nesse caminhar. São peças que podem determinar com toda certeza o resultado.

    Como já falado anteriormente, essa caminhada rumo à escrita de cada página do meu livro chamado vida não será uma atividade fácil. Haverá momentos em que estes se tornarão grandes problemas e que necessitarão mais do que nunca de nossas convicções, de nossas atitudes, de nossa força. Acreditar com convicção em nossas ideias, em nossas atitudes e acima de tudo, tomas as decisões de forma correta e segura, serão parte fundamental de nossas vitórias sobre os obstáculos.

    Um bom lutador se reconhece pela superação nas horas de maiores dificuldades durante sua luta. Às vezes em determinado momento de uma luta, quando você imagina que o lutador já perdeu e que não há mais possibilidade de sair de determinada situação ele supera as dificuldades e ganha a luta. No dia a dia de nossas vidas também funciona assim. Tem horas que o desânimo e a desmotivação nos atacam de uma forma tão violenta que acreditamos que não conseguiremos sair vitoriosos.

    Contudo, é nessas horas que teremos que mostrar nossa força em nossas convicções. É nessas horas que teremos que acreditar em nossas estratégias, em nossas atitudes, em nossas soluções para se chegar a um fim. Não é um processo fácil. Contudo, é um processo de crescimento e de amadurecimento diário. Nossas derrotas e quedas diárias nos fazem se fortalecer cada vez mais. É um aprendizado contínuo que requer todo nosso esforço no sentido de aprender tanto com nossos acertos quanto com nossos erros.

Há uma frase que diz: "Às vezes só precisamos ter um pouco mais de atitude para aumentarmos as possibilidades de vencermos nossas batalhas". Ter atitude é prioridade em nossas batalhas. Ter atitude, acreditar em nossas ações, ter foco em nosso objetivo, ter força para seguir sempre. Enfim, com pequenas mudanças em nossa atitude ou mesmo com pequenas adaptações em nosso caminho poderemos reunir os meios necessários para vencer uma batalha. Mas é preciso ter foco e iniciar. Não esperar que as coisas aconteçam. Somos os principais responsáveis por essas mudanças e vencer uma batalha depende simplesmente de cada um de nós.

Não é um procedimento fácil. É certo que tem as dificuldades. Entretanto, muitas vezes são pequenas mudanças apenas que precisa para mudar totalmente uma realidade ao final. Portanto, tenhamos sempre a disposição para mudanças, para sugestões, para aprender, para amadurecer. Essas pequenas mudanças de atitude serão impactantes quando da chegada ao desejado sonho. Temos que encontrar força durante esse trajeto. Temos que encontrar motivos para se alegrar em cada curva, em cada estrada, em cada caminho. Temos que lembrar sempre que nossa felicidade não está lá no final, lá na realização final de nossos sonhos, no futuro. A felicidade está no momento presente e depende exclusivamente de cada uma de nós.

Essa capacidade de ser o responsável principal pela vitória em nossas batalhas da vida é sinal de atitude e de liderança. O bom líder é aquele que nunca perde a esperança. O bom líder é aquele que acredita sempre. Não perder a esperança e acreditar sempre é sinal de um bom líder. Temos que ser os primeiros a nunca perder a esperança. Precisamos ter essa capacidade de sempre fazer com que as pessoas sigam suas convicções em prol da realização de suas metas. Nossa motivação contagiará outras pessoas. O bom líder é aquele que consegue ensinar, motivar pelo seu próprio exemplo.

Augusto Cury já noz dizia que "o maior líder é aquele que reconhece sua pequenez, extrai força de sua humildade e experiência da sua fragilidade". Precisamos e devemos de certa forma aprimorar nossa liderança todos os dias. Desenvolver essa liderança é algo que terá tudo a ver com nossas próprias atitudes. Precisamos reconhecer sempre que podemos errar e que não somos perfeitos. Reconhecendo nossos erros e nossa pequenez já daremos um passo grandioso para fortalecer nossa liderança. Essa liderança pode ser inata ou não. Contudo, podemos aperfeiçoá-la, desenvolvê-la e, acima de tudo, torná-la uma referência para muitas pessoas que estão ao nosso redor.

Reconhecer que somos pequenos, que somos humildes e que somos fracos é aceitar que somos humanos e, portanto, podemos cometer erros como qualquer outra pessoa. Entretanto, o verdadeiro líder usa essa humildade e essa fragilidade para crescer, para se desenvolver, para avançar, para se modernizar e para se tornar sempre uma referência perante as demais pessoas. A liderança deve ser trabalhada e desenvolvida dia após dia. Portanto, exercite sua capacidade de liderar, de superar, de ser referência, de espalhar motivação e de contagiar por onde passares.

O bom líder é aquele que consegue liderar outros líderes, aquele que estará sempre preparando novos líderes. Nesse sentido, use sua capacidade de liderar para ensinar, para desenvolver habilidades de liderança em outras pessoas. Use sua liderança para fortalecer novos líderes, para prepará-los para atuar também em suas vidas e na vida de outras pessoas. Use a sua capacidade e sua habilidade para desenvolver também certas habilidades em outras pessoas. É um ciclo contínuo de formação e crescimento espiritual, físico e emocional.

De vez em quando é necessário afastar-se de nossa zona de conforto para ir ao encontro dos problemas enfrentados pelos outros. É a partir desse conhecimento da realidade de outras pessoas que podemos afirmar e compreender de fato qual a função de um líder. Essa liderança pode se dar nos mais variados níveis. O importante é ter essa capacidade de trazer e de levar boas vibrações e boas ações para outras pessoas. Essa troca, com toda certeza, fortalecerá tanto a nossa a liderança quanto a das outras pessoas. Com a liderança fortalecida, cada pessoa poderá irradiar excelentes vibrações e assim poderão conquistar coisas imagináveis. Este é um ciclo de ajuda, de troca e de fortalecimento conjunto, colaborativo.

A liderança é intrínseca a cada um de nós. É uma forma de expressão de nossas atitudes e posturas perante algo. Ser um líder é primeiramente entender as pessoas com a razão e com o coração, é saber fazer do outro uma extensão de amor, de humanidade, de colaboratividade e liderança. Um bom líder forma líderes. Um bom líder lidera líderes. Um bom líder tem a capacidade de fazer com as pessoas também se tornem líderes e assim possam fortalecer em outras pessoas esse espírito de altruísmo, de empatia, de sensibilidade, de humildade, de generosidade e de amor.

A capacidade de fazer algo ou de ter metas a cumprir ou ainda ter objetivos com os quais sonha alcançar tem a ver com nosso espírito de liderança. Essas ações podem fazer com que outras pessoas se sintam estimuladas ou motivadas para também realizarem suas ações. Essa capacidade de inspiração é uma das características de um bom líder. O líder deverá inspirar as pessoas pelo exemplo, pelas atitudes, pelas boas obras, pela não desistência perante os problemas. O líder deve inspirar sonhos e desejos, assim como mostrar o caminho para se chegar à realização destes.

Nossos resultados são a nossa principal definição de líderes. Nossa capacidade de riscar o chão nos diz o que de fato nós somos e o porquê de estarmos nessa vida. Palavras ou frases sem ações práticas são apenas palavras e frases. Devemos transformá-las em ações concretas e plenamente realizáveis. Nossos ensinamentos diários cheios de práticas e exemplos são as nossas armas verdadeiras na formação e na capacitação de novos líderes. Nossa liderança será definida sempre por nossos resultados, por nossas vitorias, por nossas conquistas, por nossas batalhas vencidas dia a dia.

Ser um bom líder é ter a certeza de que podemos errar, que podemos falhar, mas que superar os erros e as falhas será a nossa principal marca. Ao caminhar pelas estradas da vida iremos juntando pedras pelo caminho que se tornarão nossa principal base de sustento. Uma boa base é necessária para a edificação de vários e vários andares de saber, de amadurecimento e de vivências. Aprender a canalizar todas as energias é papel e é sinal de um bom líder. Com as energias, atitudes e virtudes todas canalizadas para um objetivo comum é mais fácil a realização plena desse objetivo e de todos os desejos inerentes a cada um de nós.

Quando digo que é preciso pelo menos riscar o chão, entendo e afirmo que, se acreditarmos que podemos realizar e se fizermos a nossa parte, teremos todas as condições para realizar nossas metas. Cada ação será determinante para a nossa vitória. Cada ação será fundamental para superar todo e qualquer obstáculo que surgir. Nossas marcas deixadas pelo caminho serão como linhas escritas no livro da história da vida. É preciso deixar nossas marcas assim como é preciso escrever cada palavra, cada linha, cada página do livro chamado vida. Nossa motivação para fazer algo manterá nossa fé cada vez mais fortalecida sendo fundamental em todo esse processo. Acredite em você sempre. Tenha fé e foco que a força te fará nunca desviar do caminho, sendo sua motivação diária.

Quando fiz a apresentação deste livro, resumi três importantes acontecimentos reais que marcariam para sempre minha vida. Vivi um ano experiências muito fortes e impactantes que me fez refletir sobre minha missão e principalmente sobre minha vida. Compreendi, ao longo dos anos que tive uma nova uma oportunidade e que minha missão e minha felicidade era tornar a vida das pessoas mais felizes e realizadas. Como disse Ayrton Senna, com amor e determinação, de alguma forma você chega lá. Descubra qual é seu ponto de partida, qual é a sua missão, sua nova largada. Se for preciso recomeçar, recomece. Se for preciso cair, caia. Se for preciso recuar, recue, mas sempre se levante e vá em frente. Como escreveu Ritinha Andrade no prefácio deste livro, "a propósito, a verdade é que esse bendito foi a essência da largada de uma nova graça de poder recomeçar. Esse recomeço, no entanto, foi marcado principalmente pelo ganho de uma segunda chance de vida, em que o escritor se reiniciou para desempenhar cada um de seus desígnios pessoais e profissionais com determinação, dedicação e amor mais veementes".

Determinação. Dedicação. Amor.

Fé. Força. Foco.

Riscar o chão.

Vencer. Realizar. Construir. Colaborar.

Errar. Recuar. Consertar.

Liderar. Motivar. Ser. Fazer.

Por fim, cito esse conjunto de palavras que resumem a essência deste meu primeiro livro, que ganhou mais sentido e mais razão de existir. Aquele ano foi para mim um despertar para que eu pudesse fazer mais e mais em prol de mim, claro, mas principalmente em prol das outras pessoas. Acredito, como já escrito anteriormente, que ninguém vem a essa terra sem uma missão. Se eu já fazia algo, a partir de 2013 comecei a fazer mais e mais. Assim me realizo em cada ato, em cada ação, em cada sorriso, em cada abraço, em cada muito obrigado. O ano de 2013 realmente não teve um fim. A partir daquele 2 de novembro de 2013, minha vida é um recomeço a cada dia. Que cada dia de sua vida possa ser um recomeço, uma nova largada.